［応用編］

簿記の問題集

相川奈美 ［編著］

創 成 社

はしがき

　複式簿記の学習は，商業簿記，工業簿記を問わず，解説書を読んで，そのシステムを理解するだけでは不十分であり，具体的な問題を「繰り返し解く」ことによって初めて習得できるものである。本書は，複式簿記における基本的な問題を網羅しており，大学の講義回数に合わせ，15章立てとした。1章から15章を学習することで，複式簿記の基本的な技法が習得できるよう構成されている。

　本書の執筆にあたっては，執筆を担当する先生方が，何度も問題の内容と解答方法の検討を行っている。また，基本的なコンセプトを確認し，分担章およびその内容を検討して，各章にポイント整理事項を設け，それに基づいた問題を出題している。さらに，問題と解答欄を見開きの左右のページに配置して，学習がスムーズに進行できるよう配慮している。解答編には詳細な解説を付記して理解の助けになるよう構成している。

　また，本書は，日本商工会議所簿記検定2級（商業簿記）の範囲を網羅するよう配慮したものになっている。

　初学者にも容易に理解できるよう執筆したが，理解が困難な点，記述の不明確な点があれば，執筆者の責任である。ご教示いただければ，機会をみて修正するつもりである。

　最後に，格別のご配慮をいただいた株式会社創成社 塚田尚寛社長，ならびに，同社出版部西田徹氏には，深甚の謝意を申し上げる所存である。

2021年4月18日

編著者

目　次

はしがき

問　題　編

巻末解答編

問　題　編

第1章 株式会社会計

1. 株式会社の設立と株式の発行

　株式会社を設立する場合は，発起人が発行可能株式総数などを定めた定款を作成して，株式を発行する。その後，株式の引受けと払込みを受け，会社設立の登記を行う。

①定款に定めた発行可能株式総数の範囲内であれば，取締役会の決議により，いつでも自由に株式を発行できる。

②ただし，会社の設立にあたっては，**発行可能株式総数の4分の1以上の株式を発行し**なければならない。

③会社設立時に**株式払込剰余金**（株式の払込金のうち資本金としない金額）にできる金額は，**株式払込金額の2分の1**までである。

2. 増　資

　会社設立後，取締役会の決議によって資本金を増加させることを増資という。増資によって新株を発行する場合も，設立時と同様に，原則として，株主が払込んだ金額は資本金に計上しなければならないが，会社設立時においても，増資時においても，**払込金額の2分の1を超**えない額を資本金に計上しないことができる。資本金に計上しない部分を**株式払込剰余金（資本準備金）**勘定の貸方に記入する。株式払込剰余金は，資本準備金の一部を構成しているため，資本準備金で処理しても良い。

(借) 当 座 預 金 な ど ×××	(貸) 資　　本　　金 ×××

　　　　　　　　　　　　　　　　　　　株式払込剰余金 ×××

　　　　　　　　　　　　　　　　　　　（資本準備金）

3. 新株式申込証拠金

　新株の発行に際して，株式の申込みを受付け，払込金に相当する金額を申込証拠金として払込ませることがある。申込証拠金が払込まれた場合，**新株式申込証拠金**勘定で処理する。

①申込証拠金の受取時

　　(借) 現　金　な　ど ×××　　　(貸) 新株式申込証拠金 ×××

②払込期日

　　(借) 新株式申込証拠金 ×××　　　(貸) 資　　本　　金 ×××

4．創立費

　会社の設立のために要した費用（定款の作成費用，設立登記の費用など）を**創立費**という。創立費は，発起人が立替えておき，会社設立後，会社から発起人に支払われる。創立費を支払ったときは，創立費勘定の借方に記入する。また，創立費は繰延資産として計上することが認められている。繰延資産として計上した場合は，**会社の設立後5年以内**でその効果が及ぶ間にわたって，**定額法**により償却する。

　①支出時

　　（借）創　　　立　　　費　×××　　　（貸）現　金　な　ど　×××

　②償却時

　　（借）創　立　費　償　却　×××　　　（貸）創　　　立　　　費　×××

5．開業費

　会社の設立後，開業までに要した費用（営業用不動産の賃借料，広告宣伝費など）を**開業費**という。開業費を支払ったときは，開業費勘定の借方に記入する。また，開業費も繰延資産としての計上が認められている。資産として計上した場合，**開業後5年以内**でその効果の及ぶ期間にわたって，**定額法**により償却する。

　①支出時

　　（借）開　　　業　　　費　×××　　　（貸）現　金　な　ど　×××

　②償却時

　　（借）開　業　費　償　却　×××　　　（貸）開　　　業　　　費　×××

6．株式交付費

　会社設立後，新株の発行など株式の交付に要した費用（株式募集のための広告費，銀行等の取扱手数料など）を**株式交付費**という。会社設立時の株式の発行費用は，創立費勘定で処理するが，設立以降は株式交付費勘定で処理する。株式交付費は繰延資産として計上することが認められている。資産として計上した場合，**株式の交付後3年以内**でその効果の及ぶ期間にわたって，**定額法**により償却する。

　①支出時

　　（借）株　式　交　付　費　×××　　　（貸）現　金　な　ど　×××

　②償却時

　　（借）株式交付費償却　×××　　　（貸）株　式　交　付　費　×××

問題 1 次の取引について仕訳を示しなさい。

(1) 牧原株式会社は，会社の設立に伴って株式を1株¥30,000で発行し，全額の引受けと払込みを受け，払込金額は当座預金とした。なお，発行可能株式総数は，2,000株で，設立にあたって会社法が原則として定める最低数の株式を発行した。

(2) 上記の取引について，会社法が認める最低額を資本金とした。

問題 2 次の一連の取引について仕訳を示しなさい。

(1) 今宮株式会社は，株式1,500株を1株あたり¥50,000で発行して増資を行うこととなり，株式の申込みに際して，払込金の金額を申込証拠金として振込むという条件で募集を行ったところ，申込期日までに1,500株の申込みがあり，払込まれた申込証拠金は別段預金とした。

(2) 払込期日に1,500株分の申込証拠金を株式申込金に充当した。これにともなって，払込金を別段預金から，当座預金に預け替えた。また，会社法が認める最低額を資本金とした。

問題 3 次の一連の取引について仕訳を示しなさい。なお，会計期間は1年である。

(1) 柳田株式会社は，令和×5年4月1日に，増資を行うため，株式500株を1株あたり¥50,000で発行し，払込金は当座預金とした。なお，資本金は会社法が認める最低額とした。また，株式募集のための費用として，広告費¥80,000および人件費¥40,000を現金で支払った。

(2) 令和×6年3月31日に，決算にあたり，繰延資産として計上した株式交付費を3年間にわたり定額法で償却を行った。

問題1

	借 方 科 目	金 額	貸 方 科 目	金 額
(1)				
(2)				

問題2

	借 方 科 目	金 額	貸 方 科 目	金 額
(1)				
(2)				

問題3

	借 方 科 目	金 額	貸 方 科 目	金 額
(1)				
(2)				

第2章　剰余金・繰越利益剰余金・会社の合併

┌─《ポイント整理》────────────────────────────

1. 剰余金の配当および処分

　株式会社では，株主からの出資金が元手となり，経営活動を行うため，会社が獲得した利益は，株主に還元される。これを剰余金の配当という。

　また，剰余金はすべて配当される訳ではなく，一部，会社法の規定や会社経営維持などの理由により，会社内に留保される。これを剰余金の処分という。剰余金の処分には，**利益準備金**の積立や任意積立金の積立がある。

(1) 決算時の振替仕訳

　株式会社では，決算時に損益勘定に集計された当期純利益あるいは当期純損失の金額は，**繰越利益剰余金勘定（純資産）**の貸方あるいは借方に振替えられる。

＜当期純利益の場合＞

　　（借）損　　　　　　益　×××　　　　　（貸）繰越利益剰余金　×××

＜当期純損失の場合＞

　　（借）繰越利益剰余金　×××　　　　　（貸）損　　　　　　益　×××

2. 繰越利益剰余金の配当

　株主総会で剰余金の配当等が決定したら，繰越利益剰余金またはその他資本剰余金（純資産）からそれぞれの勘定科目に振替える。繰越利益剰余金の貸方残高がある場合は，株主総会でその処分が決定される。繰越利益剰余金の処分が行われたときは，繰越利益剰余金勘定からそれぞれの処分項目の勘定に振替えられる。なお，未処分の金額がある場合は，繰越利益剰余金勘定貸方残高として繰越される。株主配当金については，株主総会で金額が決定され，支払いは後日となるため，**未払配当金**で処理する。

　　　（借）繰越利益剰余金　×××　　　　　（貸）未払配当金など　×××

3. 法定準備金の積立

　会社法では，債権者保護の目的から**資本準備金**と**利益準備金**の2つの法定準備金を純資産の部に積立てることを強制している。

└───────────────────────────────────────

①資本準備金…資本として株主から払込まれた金額のうち，資本金として計上しなかった金額で，純資産の部に積立てることを特に定めたものである。株式払込剰余金は，資本準備金として積立てられる。

②利益準備金…会社の利益から会社法の定めにしたがって，純資産の部に積立てる金額。利益準備金の最低積立額は以下のようになる。

 1) 配当金の 10%（10 分の 1）

 2) 資本金× 25%（4 分の 1）−（資本準備金＋利益準備金）

  ただし，1)，2) のうち金額の小さい方を計上する。

  資本金の 25% ≦資本準備金＋利益準備金の場合，利益準備金を積立てる必要はない。

③任　意　積　立　金…会社の利益から積立てられた金額のうち，利益準備金以外のもの。

④繰越利益剰余金…利益剰余金のうち，利益準備金および任意積立金以外のもの。

4. 繰越利益剰余金の処理

繰越利益剰余金に借方残高がある場合は，株主総会においてその処理が決定される。繰越利益剰余金の処理が行われたときは，取崩した勘定の借方に取崩し額を，繰越利益剰余金勘定の貸方に補填額を記入する。なお，未処理の場合は，繰越利益剰余金勘定借方残高として，繰越される。

 （借）任意積立金など　×××　　　　（貸）繰越利益剰余金　×××

5．貸借対照表の純資産の部の表示

　貸借対照表の資産と負債の差額が，純資産となる。純資産は株主資本と評価換算差額等に区分され，株主資本は株主からの出資金（元手）と会社の収益で構成されている。

純資産	株主資本	①資本金	
		②資本剰余金	④資本準備金
			⑤その他資本剰余金
		③利益剰余金	⑥利益準備金
			⑦任意積立金
			⑧繰越利益剰余金
	評価・換算差額等	⑨その他有価証券評価差額金	

①資　本　金：株式会社が最低限維持しなければならない金額。

②資本剰余金：株主からの払込金額のうち，資本金以外のもの。

③利益剰余金：会社の利益から生じたもの。

④資本準備金：資本金を増加させる取引のうち，資本金として計上しなかった金額。株式
　　　　　　　払込剰余金は，資本準備金として積立てられる。

⑤その他資本剰余金：資本準備金以外の資本剰余金。配当財源がその他資本剰余金の場
　　　　　　　合，資本準備金の最低積立額は，配当金の 10％（10分の1）となる。

⑥利益準備金：会社法で積立てが強制されている金額。配当財源が繰越利益剰余金の場
　　　　　　　合，利益準備金の最低積立額は，配当金の 10％（10分の1）となる。

⑦任意積立金：会社が任意で積立てた金額で，利益準備金以外のもの。

⑧繰越利益剰余金：配当，処分が決定していない利益のこと。利益剰余金のうち，利益準
　　　　　　　備金および任意積立金以外のもの。

⑨その他有価証券評価差額金：その他有価証券を時価評価した際に生じる換算差額。

6. 会社の合併

　会社の合併には，吸収合併と新設合併があり，存続または新設される会社は，消滅会社の資産と負債を包括的に継承し，対価として消滅会社の株主に株式を交付する。また，これに加えて，合併交付金（現金）を支払うこともある。

(1) 合併の会計処理

　会社の合併を取得とみなす場合は，その会計処理をパーチェス法によって行う。パーチェス法では，消滅会社から継承した純資産の金額を上回る株式の交付による資本金の計上があった場合，その超過額を**負ののれん（合併差益）**勘定の貸方に記入する。負ののれん（合併差益）は株式払込剰余金とともに，**資本準備金**として積立てられる。また，合併により被合併会社から取得した純資産の時価評価額が，交付した株式の発行総額と合併交付金よりも少ない場合は，**のれん**勘定の借方に記入する。なお，合併交付金がある場合は，貸方に当該金額（現金）を記入する。

| （借）諸　資　産 | ×××　 | （貸）諸　負　債 | ××× |
| のれん（貸借差額） | ×××　 | 資　本　金 | ××× |

　のれんは，無形固定資産であるため，決算時に償却する必要がある。無形固定資産の償却は，**残存価額をゼロ**とした定額法で，記帳方法は**直接法**で行う。のれんの場合は，取得後20年以内に**定額法**によって償却する。

| （借）のれん償却 | ×××　 | （貸）の　れ　ん | ××× |

問題 1 次の一連の取引について仕訳を示しなさい。

(1) 令和×1年6月30日, デスパイネ株式会社は決算を行い, 当期純利益¥2,000,000を計上した。なお, 繰越利益剰余金勘定の貸方に, ¥400,000の残高がある。

(2) 令和×1年9月25日に株主総会が開催され, 繰越利益剰余金の処分を以下のように決定した。

    利益剰余金：会社法が定める最低額　　　配　当　額：¥1,000,000
    配当平均積立金：¥200,000　　　　　　別途積立金：¥360,000

なお, デスパイネ株式会社の資本金は¥90,000,000, 資本準備金は¥15,000,000, 利益準備金既積立額は¥8,000,000である。

(3) 令和×1年10月5日, 上記配当金の金額を小切手を振り出して支払った。

問題 2 次の一連の取引について仕訳を示しなさい。

(1) 令和×5年3月31日の決算に際して, グラシアル株式会社は, 当期純損失¥500,000を計上した。なお, 繰越利益剰余金勘定の貸方に, ¥100,000の残高がある。

(2) 令和×5年6月30日の株主総会において, 繰越利益剰余金の借方残高のうち, ¥300,000については別途積立金を取崩して補填することが決定した。

問題 1

	借 方 科 目	金 額	貸 方 科 目	金 額
(1)				
(2)				
(3)				

問題 2

	借 方 科 目	金 額	貸 方 科 目	金 額
(1)				
(2)				

問題3 中村工業（株）は，松田商事（株）を吸収合併することになり，松田商事（株）の株主に対して，株式3,000株（1株の発行価額￥4,000　全額資本金）を発行し，交付した。合併仕訳を示し，合併貸借対照表を作成しなさい。なお，合併に際して，中村工業（株）は松田商事（株）の貸借対照表の金額にもとづき資産と負債を継承するものとする。

貸 借 対 照 表

中村工業（株）　　　　令和××年××月××日　　　　（単位：円）

資　産	金　額	負債および純資産	金　額
現 金 預 金	7,000,000	買　掛　金	4,200,000
売 　掛　 金	6,800,000	借　入　金	20,000,000
商　　　品	5,500,000	資　本　金	40,000,000
建　　　物	20,000,000	利 益 準 備 金	3,600,000
土　　　地	30,000,000	繰越利益剰余金	1,500,000
	69,300,000		69,300,000

貸 借 対 照 表

松田商事（株）　　　　令和××年××月××日　　　　（単位：円）

資　産	金　額	負債および純資産	金　額
現 金 預 金	3,500,000	買　掛　金	3,800,000
売 　掛　 金	6,000,000	資　本　金	15,000,000
商　　　品	4,000,000	利 益 準 備 金	1,700,000
建　　　物	8,000,000	繰越利益剰余金	1,000,000
	21,500,000		21,500,000

合併仕訳

借 方 科 目	金 額	貸 方 科 目	金 額

貸 借 対 照 表

中村工業（株）　　　　令和××年××月××日　　　　（単位：円）

資 産	金 額	負債および純資産	金 額

第3章　税金・税効果会計

1．法人税等の一連の流れ

　　株式会社の利益（課税所得）に対しては，法人税，住民税および事業税の3種類の税金が課されるが，実務上はまとめて**法人税，住民税及び事業税**（または**法人税等**）勘定で処理される。法人税等は，決算によって納付額が確定するが，会計期間の半ばにおいて中間納付を行う場合もある。**中間納付**を行う場合は，前年度の税額の半額，もしくは中間決算によって算出した半年分の税額，いずれかの金額を納付しなければならない。

(1) 中間申告納付時

　　（借）仮払法人税等　×××　　　　（貸）現　金　な　ど　×××

(2) 決算時

　　（借）法人税，住民税及び事業税　×××　　　　（貸）仮払法人税等　×××

　　　　　　　　　　　　　　　　　　　　　　　　未払法人税等　×××
　　　　　　　　　　　　　　　　　　　　　　　　（年間納税額−中間納付額）

(3) 確定申告納付時

　　（借）未払法人税等　×××　　　　（貸）現　金　な　ど　×××

(4) 法人税等の追徴・還付

　　追徴とは，過年度において納付した法人税等に不足がある場合に，税務当局よりその不足分の追加納付を求められることをいう。一方，**還付**とは，過年度において納付した法人税等が過剰である場合に，その旨を申告し，払戻しを受けることをいう。

　　①追　徴

　　（借）追徴法人税等　×××　　　　（貸）現　金　な　ど　×××

　　②還　付

　　（借）現　金　な　ど　×××　　　　（貸）還付法人税等　×××

2．課税所得の算定方法

　　法人税は，一事業年度における益金（税法上の収益）額から損金（税法上の費用）額を差引き課税所得を求め，この**課税所得**に税率を乗じて計算される。企業会計上の収益・費用と税法上の益金・損金は，その大部分について一致する。しかし，それぞれの目的の違いから，両者には

差異が生じる。したがって，課税所得は，会計上の利益にこれらの差異を加減調整して計算される。

法人税額＝課税所得×税率

※課税所得＝益金の額－損金の額
　　　　＝税引前当期純利益－益金不算入額＋損金不算入額＋益金算入額－損金算入額

3. 消費税の一連の流れ

　消費税とは，物品やサービスの消費に対して国が課す税金である。消費税の負担者は最終消費者であり，原則として企業の損益に影響を及ぼさないが，製造および流通の過程で段階的に課税されているため，企業が物品やサービスを売買するときに，売買価格に上乗せして受払いが行われる。したがって，企業は売上や仕入等にかかる消費税の差額を申告納付する義務がある。消費税の記帳方法には，消費税額を売上や仕入などに含めて処理する**税込方式**と，消費税額を売上や仕入などと区別して処理する**税抜方式**がある。

(1) 支払時
　　①税込方式
　　(借) 仕　　　　　入 ×××　　　　**(貸) 現　金　な　ど** ×××
　　　　　　　（消費税額を含む）

　　②税抜方式
　　(借) 仕　　　　　入 ×××　　　　**(貸) 現　金　な　ど** ×××
　　　　仮 払 消 費 税 ×××

(2) 受取時
　　①税込方式
　　(借) 現　金　な　ど ×××　　　　**(貸) 売　　　　　上** ×××
　　　　　　　　　　　　　　　　　　　　　　　　（消費税額を含む）

　　②税抜方式
　　(借) 現　金　な　ど ×××　　　　**(貸) 売　　　　　上** ×××
　　　　　　　　　　　　　　　　　　　　仮 受 消 費 税 ×××

(3) 決算時
　　①税込方式
　　・仮払消費税＜仮受消費税の場合
　　(借) 租　税　公　課 ×××　　　　**(貸) 未 払 消 費 税** ×××
　　　　　　（仮受額－仮払額）

仮払消費税＞仮受消費税の場合

（借）未 収 消 費 税 ×××　　　　（貸）雑　　　　　益 ×××
（仮払額−仮受額）

②税抜方式

仮払消費税＜仮受消費税の場合

（借）仮 受 消 費 税 ×××　　　　（貸）仮 払 消 費 税 ×××
　　　　　　　　　　　　　　　　　　　　未 払 消 費 税 ×××

仮払消費税＞仮受消費税の場合

（借）仮 受 消 費 税 ×××　　　　（貸）仮 払 消 費 税 ×××
　　　未 収 消 費 税 ×××

(4) 納付時（還付時）

納付（還付）時は，税込方式・税抜方式ともに同じ処理を行う。

納　付

（借）未 払 消 費 税 ×××　　　　（貸）現　金　な　ど ×××

還　付

（借）当 座 預 金 な ど ×××　　　　（貸）未 収 消 費 税 ×××

4. 税効果会計

　　税効果会計とは，税引前当期純利益と法人税等の差異を合理的に対応させることを目的として，法人税等の金額を調整するシステムのことをいう。税効果会計においては，税引前当期純利益と法人税等を対応・調整するために，**法人税等調整額勘定**を用いて処理を行う。

5. 各種引当金の繰入限度超過額

　　各種引当金繰入額について，税法上では一定限度額までしか損金算入が認められていない。限度額を超過した損金不算入額については，一時差異として税効果会計を適用し，**繰延税金資産**を計上する。

(1) 一時差異の発生

（借）繰 延 税 金 資 産 ×××　　　　（貸）法 人 税 等 調 整 額 ×××
（損金不算入額×税率）

(2) 一時差異の解消

（借）法 人 税 等 調 整 額 ×××　　　　（貸）繰 延 税 金 資 産 ×××

6. 減価償却費の償却限度超過額

　減価償却費について，税法上では一定限度額までしか損金算入が認められていない。限度額を超過した損金不算入額については，一時差異として税効果会計を適用し，繰延税金資産を計上する。

(1) 一時差異の発生

　（借）繰 延 税 金 資 産　×××　　　　（貸）法 人 税 等 調 整 額　×××
　　　　　　　　　　　　　　　　　　　　　　　　　　　　　　（損金不算入額×税率）

(2) 一時差異の解消

　（借）法 人 税 等 調 整 額　×××　　　（貸）繰 延 税 金 資 産　×××

7. その他の有価証券の評価差額

　その他有価証券は，会計上時価による評価替えを行うが，税法上は時価による評価替えが認められていない。その他有価証券を時価に評価替えした場合，税効果会計を適用する。この時，評価差額は貸借対照表の純資産の部に直接計上されるため，法人税等を調整する必要はなく，評価差額から調整額（評価差額×税率）を直接控除する処理を行う。

　なお，その他有価証券の時価評価は洗替方式によるため，その他有価証券評価差額金にかかる一時差異は，翌期の再振替仕訳によって必ず解消される。

(1) 一時差異の発生（期末）

　①評価益の場合

　（借）そ の 他 有 価 証 券　×××　　　（貸）繰 延 税 金 負 債　×××
　　　　　　　　　　　　　　　　　　　　　　　　　　　　　　（評価差額×税率）

　　　　　　　　　　　　　　　　　　　　　　その他有価証券評価差額金　×××

　②評価損の場合

　（借）繰 延 税 金 資 産　×××　　　　（貸）そ の 他 有 価 証 券　×××
　　　　　　　　　　　（評価差額×税率）

　　その他有価証券評価差額金　×××

(2) 一時差異の解消（翌期首）

　①評価益の場合

　（借）繰 延 税 金 負 債　×××　　　　（貸）そ の 他 有 価 証 券　×××
　　　その他有価証券評価差額金　×××

　②評価損の場合

　（借）そ の 他 有 価 証 券　×××　　　（貸）繰 延 税 金 資 産　×××

　　　　　　　　　　　　　　　　　　　　　　その他有価証券評価差額金　×××

問題 1   次の取引について仕訳を示しなさい。

(1) 令和×1年6月30日に，法人税，住民税及び事業税の中間納付を行い，税額￥1,000,000は現金にて支払った。

(2) 令和×1年12月31日の決算において，本事業年度の税額（法人税額￥900,000，住民税額￥500,000，事業税￥400,000）が確定した。なお，中間申告時に￥1,000,000を納付している。

(3) 令和×2年2月20日の確定申告において，確定税額￥1,800,000から中間納付額￥1,000,000を控除した残額を，小切手を振出して納付した。

(4) 令和×2年4月15日，税務当局より過年度（×1年度）の法人税について追徴額が￥150,000であるとの連絡を受け，即日現金で納付した。

問題 2   次の資料にもとづいて，当期の未払法人税等の金額を求めなさい。なお，中間納付は行っていない。法人税等の税率は40％とする。

〈資料〉

税引前当期純利益	￥2,000,000
益金算入額	￥200,000
益金不算入額	￥100,000
損金算入額	￥150,000
損金不算入額	￥250,000

問題 3   次の取引について，税込方式で仕訳を示しなさい。消費税率は10％とする。

(1) 商品￥80,000を仕入れ，代金は消費税とともに現金で支払った。

(2) 上記（1）で仕入れた商品を￥100,000で販売し，消費税とともに小切手で受取った。

(3) 決算に際し，商品売買にかかる消費税の納付額を計算し，これを確定した。なお，本年度の消費税納付額算定に関係する取引は（1），（2）のみである。

(4) 確定申告に際して，上記（3）の消費税納付額を小切手を振出して支払った。

問題 1

	借 方 科 目	金 額	貸 方 科 目	金 額
(1)				
(2)				
(3)				
(4)				

問題 2

当期の未払法人税等の金額	円

問題 3

	借 方 科 目	金 額	貸 方 科 目	金 額
(1)				
(2)				
(3)				
(4)				

問題4 問題3の一連の取引について，税抜方式で仕訳を示しなさい。

問題5 次の税効果会計に関する仕訳を示しなさい。

(1) 第11期決算において，貸倒引当金の損金不算入額が¥50,000，減価償却費の損金不算入額が¥450,000であったため，税効果会計を適用する（法人税等の税率：40%）。

(2) 第11期決算において算入が認められなかった貸倒引当金が全額取り崩された。

問題6 次の税効果会計に関する仕訳を示しなさい。

(1) 第11期末において，その他有価証券の帳簿価額は¥700,000で，その時価は¥800,000である。法人税等の税率を40%として税効果会計を適用し，評価替えを行う。

(2) 上記（1）の株式につき，第12期首において評価差額の再振替仕訳を行った。

問題4

	借　方　科　目	金　　　額	貸　方　科　目	金　　　額
(1)				
(2)				
(3)				
(4)				

問題5

	借　方　科　目	金　　　額	貸　方　科　目	金　　　額
(1)				
(2)				

問題6

	借　方　科　目	金　　　額	貸　方　科　目	金　　　額
(1)				
(2)				

第4章　商品売買

┌─《ポイント整理》─────────────────────────────

1．商品売買の記帳方法

　　商品売買は，仕入時，売上時，決算時の一連の流れを，①分記法，②三分法，③売上原価対立法のいずれかによって記帳する。売上原価対立法とは，商品を販売するつど，商品勘定から売上原価勘定に振替え，売上を計上する方法である。

・商品の仕入時
①分記法	（借）商　　　品 ×××	（貸）買掛金など ×××
②三分法	（借）仕　　　入 ×××	（貸）買掛金など ×××
③売上原価対立法	（借）商　　　品 ×××	（貸）買掛金など ×××

・商品の売上時
①分記法	（借）売掛金など ×××	（貸）商　　　品 ×××
		商品売買益 ×××
②三分法	（借）売掛金など ×××	（貸）売　　　上 ×××
③売上原価対立法	（借）売掛金など ×××	（貸）売　　　上 ×××
	売　上　原　価 ×××	商　　　品 ×××

※③は，売上勘定と売上原価勘定の差額が，商品売買益を示す。

・決算時
①分記法　仕訳なし
②三分法　　　（借）仕　　　入 ×××　　（貸）繰　越　商　品 ×××
　　　　　　　　　　繰　越　商　品 ×××　　　　　　仕　　　入 ×××
③売上原価対立法　仕訳なし

　　通常，決算時に商品に関する決算整理仕訳を行うが，毎月末に売上原価を計上する方法がある。その方法は，売上原価を計算するため，月初商品棚卸高（繰越商品月末残高）を繰越商品勘定から売上原価勘定へ振り替え，当月商品純仕入高（仕入勘定月末残高）を仕入勘定から売上原価勘定へ振替え，最後に，月末商品棚卸高を売上原価勘定から繰越商品勘定へと振替える。

　　　（借）売上原価 ×××　　（貸）繰越商品 ×××　（繰越商品月末残高）
　　　（借）売上原価 ×××　　（貸）仕　　　入 ×××　（仕入勘定月末残高）
　　　（借）繰越商品 ×××　　（貸）売上原価 ×××　（月末商品棚卸高）

2. 割引・割戻

定められた期間に掛金を支払ったとき，代金の一部を割引くことがあり，買い手側は仕入割引（費用），売り手側は売上割引（収益）で処理する。

＜買い手＞
（借）買　掛　金　×××　　　　（貸）当座預金など　×××
　　　　　　　　　　　　　　　　　仕　入　割　引　×××

＜売り手＞
（借）現　金　な　ど　×××　　（貸）売　掛　金　×××
　　　売　上　割　引　×××

取引が一定額または一定量を超えたとき，取引先に対し代金の一部を免除することがあり，買い手側は仕入割戻，売り手側は売上割戻という。それぞれ割戻額だけ，仕入・売上勘定を減少させ，売掛金・買掛金の金額から差引いて処理する。

3. クレジット売掛金

クレジットカードによる商品販売時は，支払手数料（クレジット会社に対する手数料）を差引かれた金額をクレジット会社から受け取る。クレジットカードによる販売取引から生じた債権をクレジット売掛金で処理し，代金回収時はクレジット売掛金が減少する。

・商品の売上時
（借）クレジット売掛金　×××　　（貸）売　　　上　　　×××
　　　支　払　手　数　料　×××

・代金回収時
（借）当　座　預　金　　　×××　　（貸）クレジット売掛金　×××
※クレジット売掛金勘定（資産）は，手数料を差引いた金額を計上する。

4. 売上原価の算定

・棚卸減耗損と商品評価損
棚卸減耗損は，破損・紛失など商品の数量の不足による損失である。

棚卸減耗損＝＠原価×（帳簿棚卸数量－実地棚卸数量）
（棚卸減耗数量）

商品評価損は，商品の値下がりによる損失である。

商品評価損＝（@原価－@時価）×実地棚卸数量
（正味売却価額）

@原価	商品評価損	棚卸減耗損
@時価	貸借対照表上の商品金額	
	実地棚卸数量	帳簿棚卸数量

損益計算書へは，以下のように表示する。原価性とは，棚卸減耗損と商品評価損の発生が通常程度であれば「原価性がある」といい，発生が異常であれば「原価性がない」という。

		表 示 方 法
棚卸減耗損	原価性がある	売上原価の内訳項目か販売費
	原価性がない	営業外費用か特別損失
商品評価損		売上原価の内訳項目か特別損失

棚卸減耗損や商品評価損を売上原価の内訳項目とする場合は，決算時に仕入勘定で売上原価を算定するとき，棚卸減耗損や商品評価損をいったん仕入勘定に振替える。売上原価の内訳項目としない場合は，直接，損益勘定に振替える。

・決算時の仕訳

（借）仕　　　　入　×××　　（貸）繰 越 商 品　×××

（借）繰 越 商 品　×××　　（貸）仕　　　　入　×××

（借）棚卸減耗損　×××　　（貸）繰 越 商 品　×××

（借）商品評価損　×××　　（貸）繰 越 商 品　×××

（借）仕　　　　入　×××　　（貸）商品評価損　×××

（借）売　　　　上　×××　　（貸）損　　　　益　×××

（借）損　　　　益　×××　　（貸）仕　　　　入　×××

　　　　　　　　　　　　　　　　　棚卸減耗損　×××

売上原価＝期首商品棚卸高＋当期純仕入高－期末商品棚卸高
（期首繰越商品）　　　　　　　（期末繰越商品）

5. サービス業の一連の流れ

　サービス業の会計処理は，以下の流れに従って処理する。サービスの提供に応じて計上される収益を役務収益といい，役務収益を得るために要した費用を役務費用という。

・サービスを提供する前に代金を受取った時

　（借）現金など　×××　　（貸）前 受 金　×××

・サービスを提供する前に費用（給料など）を支出した時

　（借）仕 掛 品　×××　　（貸）現金など　×××

・決算時（サービス提供の進捗状況に合わせ，前受金と仕掛品の一部を収益・費用へ振替）

　（借）前 受 金　×××　　（貸）役務収益　×××

　　　　役務原価　×××　　　　　仕 掛 品　×××

・全サービスの提供の終了時（決算時以降の前受金と仕掛品の全額を収益・費用へ振替）

　（借）前 受 金　×××　　（貸）役務収益　×××

　　　　役務原価　×××　　　　　仕 掛 品　×××

MEMO

問題1 次の取引に関して，仕訳を示しなさい。

(1) 商品¥300,000を仕入れ，代金は掛けとした。なお，商品を販売するつど売上原価に振替える方法により処理すること。

(2) 上記の商品を¥400,000で売渡し，代金は掛けとした。

(3) 北株式会社は，南株式会社に対する買掛金¥300,000を，小切手を振出して支払うにあたり，契約した一定期間内に行ったため，この買掛金について3%の割引を受けた。北株式会社と南株式会社の仕訳を示しなさい。

(4) 東株式会社は，西株式会社に対する買掛金¥500,000が割引の対象となる金額のため，この買掛金の2%の支払いが免除され，残額は小切手を振出して支払った。東株式会社と西株式会社の仕訳を示しなさい。

問題2 次の取引に関して，仕訳を示しなさい。

(1) 横浜商事株式会社は，商品¥400,000をクレジット払いの条件で販売した。なお，クレジット会社への手数料（売上代金の3%）は，商品販売時に計上する。

(2) 上記のクレジット取引による売掛金が当座預金口座に入金された。

(3) かねて，川崎商事株式会社に商品¥1,200,000をクレジット払いの条件で販売していたが，本日，クレジット会社への手数料（売上代金の6%）を差し引かれた売掛金が当座預金口座へ入金された。

問題1

		借 方 科 目	金 額	貸 方 科 目	金 額
(1)					
(2)					
(3)	北㈱				
	南㈱				
(4)	東㈱				
	西㈱				

問題2

	借 方 科 目	金 額	貸 方 科 目	金 額
(1)				
(2)				
(3)				

問題3 以下の資料に基づき，決算に必要な仕訳を示しなさい。棚卸減耗損は営業外費用とし，商品評価損は売上原価の内訳項目とする。

＜資料＞

期首棚卸高￥500,000　当期純売上高￥3,800,000　当期純仕入高￥2,500,000

期末商品棚卸高　帳簿棚卸数量　300個　原価　＠￥260

　　　　　　　　実地棚卸数量　250個　正味売却価額　＠￥220

問題4 次の取引に関して，仕訳を示しなさい。

(1) 資格試験の受験学校を経営している宇都宮学園は，4月1日に開講予定の講座（受講期間は1年）の料金￥500,000を現金で受取った。

(2) 宇都宮学園は，講座を担当する従業員の給料￥260,000を，小切手を振出して支払った。

(3) 決算日を迎えた。上記の講座は，現在，2分の1が完了している。

(4) 宇都宮学園は，(1)の講座が終了したため，収益と費用を計上する。

問題3

	借 方 科 目	金 額	貸 方 科 目	金 額
(1)				
(2)				
(3)				
(4)				
(5)				
(6)				
(7)				

問題4

	借 方 科 目	金 額	貸 方 科 目	金 額
(1)				
(2)				
(3)				
(4)				

第5章　手形と電子記録の債権債務

《ポイント整理》

1. 手形の裏書き

　手形の裏書き（裏書譲渡）とは，仕入代金や債務の支払いに充てるために，保有する満期日到来前の手形を譲渡することをいう。手形を裏書譲渡する者を**裏書人**，譲渡される者を**被裏書人**という。

（1）手形を裏書譲渡した場合（裏書人の処理）

　　（借）仕 入 な ど　×××　　　（貸）受 取 手 形　×××

（2）手形を裏書譲渡された場合（被裏書人の処理）

　　（借）受 取 手 形　×××　　　（貸）売 上 な ど　×××

2. 手形の割引

　手形の割引とは，金融機関などに，満期日到来前の手形を買取ってもらい換金することをいう。通常，手形を割引くと，その日より満期日までの**割引料（利息相当額）**が控除された金額が支払われる。この割引料は**手形売却損勘定**を用いて処理する。

　　手形を割引したときの処理

　　（借）当 座 預 金 な ど　×××　　　（貸）受 取 手 形　×××
　　　　　手 形 売 却 損　×××
　　　　　　　　　　　　（割引料）

3. 手形の不渡り

　手形の満期日に手形代金が決済されないことを**手形の不渡り**といい，そのような状態の手形を**不渡手形**という。この場合，手形額面金額に延滞利息，支払拒絶証書の作成費用などの諸費用を含めた金額を，振出人または裏書人に償還請求（遡求）することが可能となる。

（1）所持している手形が不渡りとなった場合

　　（借）不 渡 手 形　×××　　　（貸）受 取 手 形　×××
　　　　　　　　　（諸費用を含む）　　　　　　現 金 な ど　×××

(2) 裏書譲渡・割引した手形の償還請求に応じた場合

（借）不 渡 手 形 ×××　　　　　　**（貸）当 座 預 金 など　×××**
　　　　　<u>（諸費用を含む）</u>

(3) 不渡りとなった手形代金を回収した場合

（借）現 金 な ど　×××　　　　　　**（貸）不 渡 手 形　×××**

(4) 不渡りとなった手形が回収不能となった場合

（借）貸倒引当金 など　×××　　　　　**（貸）不 渡 手 形　×××**

4. 手形の更改

　手形の更改とは，債務者が手形の所持人（債権者）の承諾を得て，支払期日を延長した新しい手形を振出し，旧手形と交換する手続きのことをいう。その際，支払期日の延長日数に応じた利息（更改料）を債務者が負担するが，新手形と利息を別に支払う場合と，新手形に利息を含めて振出す場合とがある。

(1) 利息を手形と別に支払う場合
　　①支払人（債務者）の仕訳

（借）支払手形（旧手形）×××　　　　**（貸）支払手形（新手形）×××**
　　支 払 利 息　×××　　　　　　　　　**現 金 な ど　×××**

　　②受取人（債権者）の仕訳

（借）受取手形（新手形）×××　　　　**（貸）受取手形（旧手形）×××**
　　現 金 な ど　×××　　　　　　　　　**受 取 利 息　×××**

(2) 新手形に利息を含めて振出す場合
　　①支払人（債務者）の仕訳

（借）支払手形（旧手形）×××　　　　**（貸）支払手形（新手形）<u>×××</u>**
　　支 払 利 息　×××　　　　　　　　　　　　　<u>（利息金額を含む）</u>

　　②受取人（債権者）の仕訳

（借）受取手形（新手形）<u>×××</u>　　　　**（貸）受取手形（旧手形）×××**
　　　　<u>（利息金額を含む）</u>　　　　　　　　　**受 取 利 息　×××**

5．営業外手形の処理

（1）営業外支払手形の処理

商品以外の物品等を購入し，その代金を手形で支払ったときに生じる債務は**営業外支払手形勘定**を用いて，支払手形勘定と区別して処理する。

①購入時（商品以外の物品）

（借）備 品 な ど ×××　　　（貸）営業外支払手形 ×××

②手形代金支払時

（借）営業外支払手形 ×××　　　（貸）当 座 預 金 な ど ×××

（2）営業外受取手形の処理

商品以外の物品等を売却し，その代金を手形で受取ったときに生じる債権は**営業外受取手形勘定**を用いて，受取手形勘定と区別して処理する。

①売却時（商品以外の物品）

売却益発生時

（借）営業外受取手形 ×××　　　（貸）備 品 な ど ×××
　　　　　　　　　　　　　　　　　　　固定資産売却益 ×××

売却損発生時

（借）営業外受取手形 ×××　　　（貸）備 品 な ど ×××
　　　固定資産売却損 ×××

②手形代金回収時

（借）当 座 預 金 な ど ×××　　　（貸）営業外受取手形 ×××

6．電子記録債権（債務）の発生と消滅

電子記録債権（債務）とは，その発生・譲渡・消滅について，電子記録を要件とする金銭債権（債務）のことをいい，手形債権（債務）の代替として機能することが想定されている。したがって，電子記録債権（債務）は，**電子記録債権勘定・電子記録債務勘定**を用い，手形債権（債務）に準じた会計処理が行われる。

（1）発生時

①債権者

（借）電 子 記 録 債 権 ×××　　　（貸）売 　 掛 　 金 ×××

②債務者

(借) 買　　掛　　金　×××　　　　　　(貸) 電子記録債務　×××

(2) 決済時
　①債権者

(借) 当 座 預 金 な ど　×××　　　　　(貸) 電子記録債権　×××

　②債務者

(借) 電子記録債務　×××　　　　　　(貸) 当 座 預 金 な ど　×××

　なお，貸付金や借入金に関連して電子記録債権（債務）が発生した場合は，**貸付金勘定・借入金勘定**で処理する。また，固定資産や有価証券の売買に関連して電子記録債権（債務）が発生した場合は，**営業外電子記録債権勘定・営業外電子記録債務勘定**で処理する。

7. 電子記録債権の譲渡・割引

　電子記録債権は，電子化された債権であることから，債権の金額を分割しての譲渡，割引のように金融機関に譲渡しての現金化が可能である。

(1) 買掛金の支払いにつき，電子記録債権の譲渡記録を行った場合

(借) 買　　掛　　金　×××　　　　　(貸) 電子記録債権　×××

(2) 電子記録債権を銀行で割引き，現金化した場合

(借) 当 座 預 金 な ど　×××　　　　　(貸) 電子記録債権　×××
　　　電子記録債権売却損　<u>×××</u>
　　　　　　　　　　　　（割引料）

問題 1 次の取引について仕訳を示しなさい。

(1) A社から商品¥120,000を仕入れ，代金はB社から受取っていた約束手形¥120,000を裏書譲渡して支払った。

(2) C社に対し商品¥200,000を売上げ，代金はD社振出し，C社宛ての約束手形¥200,000を裏書譲渡された。

(3) 得意先E社振出しの約束手形¥300,000を取引銀行で割引き，割引料¥20,000が差引かれ，残額が当座預金口座に入金された。

(4) 得意先F社より裏書譲渡されていたG社振出しの約束手形¥100,000について，満期日に取引銀行より不渡りとなった旨の通知を受けた。ただちに償還請求の手続きを行い，手形代金と償還請求の諸費用¥10,000の請求を行った。なお，諸費用は現金にて支払った。

(5) 上記（4）において償還請求していた不渡手形について，請求額に遅延利息¥1,000を加えた額を現金で受け取った。

(6) 上記（3）で割引いていたE社振出しの約束手形¥300,000が不渡りとなった旨の通知を受け，取引銀行に対し，手形金額に遅延利息¥4,000を加え小切手を振出して支払った。

(7) E社が倒産したため，（6）の不渡手形を回収不能と判断し，貸倒れ処理を行う。なお，貸倒引当金の残高は¥300,000である。

問題 2 次の取引について仕訳を示しなさい。

(1) 先に仕入先H社に対し振出した約束手形¥400,000について，H社に支払期日の延期を申入れ，同社の承諾を得て，手形の更改を行った。なお，支払期日延長に伴う利息¥5,000は現金で支払った。

(2) I社より，当社保有の同社振出しの約束手形¥500,000について，手形の更改の申入れがあり，これを承諾した。なお，I社が新たに振出した約束手形の金額は，利息¥8,000を含めた金額である。

問題 1

	借 方 科 目	金 額	貸 方 科 目	金 額
(1)				
(2)				
(3)				
(4)				
(5)				
(6)				
(7)				

問題 2

	借 方 科 目	金 額	貸 方 科 目	金 額
(1)				
(2)				

問題3 次の取引について仕訳を示しなさい。

(1) 備品￥1,000,000 を購入し，代金は約束手形を振出して支払った。なお，付随費用￥15,000 は現金にて支払った。

(2) 上記（1）約束手形の支払期日が到来し，当座預金口座から引落とされた。

(3) 所有する土地（帳簿価格￥9,000,000）を￥10,000,000 で売却し，代金は先方振出しの約束手形で受け取った。

(4) 上記（3）約束手形の支払期日が到来し，全額が当座預金口座に振込まれた。

問題4 次の取引について仕訳を示しなさい。

(1) J社はK社に対する買掛金（￥600,000）支払いのために，取引銀行を通じて電子債権記録機関に債務の発生記録を行った。また，K社は取引銀行よりその通知を受けた。この時の両社の仕訳を示しなさい。

(2) 上記（1）のJ社債務について，支払期日が到来したため，J社の当座預金口座からK社の当座預金口座へ￥600,000 が振り込まれ，決済した。この時の両社の仕訳を示しなさい。

(3) L社に対する買掛金￥700,000 の支払いのため，取引銀行を通じて電子記録債権の譲渡記録を行った。

(4) 当社の保有する電子記録債権￥800,000 の割引を行うため，電子記録債権を取引銀行へと譲渡する記録を行い，割引料￥30,000 を差引かれた残額が当座預金口座に振込まれた。

問題3

	借 方 科 目	金 額	貸 方 科 目	金 額
(1)				
(2)				
(3)				
(4)				

問題4

		借 方 科 目	金 額	貸 方 科 目	金 額
(1)	J社				
	K社				
(2)	J社				
	K社				
(3)					
(4)					

第6章　銀行勘定調整表

1．銀行勘定調整表

　　銀行勘定調整表とは，ある時点における，当座預金勘定残高と銀行残高証明書の間の不一致の原因を明確にするために作成する表である。

2．預金残高が一致しない時の処理

　　企業の当座預金勘定残高と銀行の残高証明書残高が一致しない原因については，企業側における修正仕訳が必要な場合と不要な場合に大別される。

(1) 修正仕訳が必要な場合

　　以下の3つの場合においては，企業側にて帳簿の修正記入を行う必要がある。

①連絡未通知

　　連絡未通知とは，銀行側では入出金の記録をしているが，企業に対しその通知がないことをいう。この時，未記帳となっている取引について企業が記帳を行い，銀行残高に合わせる。

②誤記入

　　誤記入とは，企業が誤った処理を行っていることをいう。この時，企業は必要な修正仕訳を行う。

③未渡小切手

　　未渡小切手とは，債務の支払いのために作成したにもかかわらず，取引先に未だ渡されていない状態の小切手のことをいう。企業は，小切手作成時点で当座預金の減少として処理してしまっているため，この処理を取消す必要がある。

　　仕入債務の支払いに関する修正仕訳

　　　（借）当座預金　×××　　　　（貸）買 掛 金　×××

　　仕入債務以外の支払いに関する修正仕訳

　　　（借）当座預金　×××　　　　（貸）未 払 金　×××

（2）修正仕訳が不要な場合

　以下の3つの場合においては，企業では勘定記入しているが，銀行では記録されていない取引であり，時の経過により両者の残高が一致するため，修正仕訳は必要ない。

①時間外預入

　時間外預入とは，銀行の営業時間外に夜間金庫などに現金を預入れることをいう。この時，企業は預入れとして記帳しているが，銀行では預金として記録していない。

②未取立小切手

　未取立小切手とは，他人振出しの小切手を銀行に預入れて取立てを依頼したが，銀行が未だ取立てていない小切手のことをいう。この時，企業は当座預金の増加として記帳しているが，銀行は未だ換金手続きを行っていない。

③未取付小切手

　未取付小切手とは，支払いのために取引先に対して振出したものの，取引先が銀行に未呈示の小切手のことをいう。この時，企業は当座預金の減少として記帳しているが，銀行では記録していない。

3．銀行勘定調整表の作成方法

　銀行勘定調整表には，以下の3つの作成方法がある。なお，いずれの方法を採用しても企業側の修正仕訳は変わらない。

（1）企業残高・銀行残高区分調整法（両者区分調整法）

　企業残高・銀行残高区分調整法とは，企業の当座預金勘定残高と銀行の残高証明書残高のそれぞれに対し，不一致原因となる項目を加減して，両者の金額を一致させる方法である。この方法では，修正仕訳が必要な不一致原因については企業の当座預金勘定残高を調整し，修正仕訳が不要な不一致原因については銀行の残高証明書残高を調整する。

銀行勘定調整表
×× 年 12 月 31 日
(単位：円)

当社の当座預金残高		100,000	銀行残高証明書	89,000
（加　算）			（加　算）	
入金連絡未通知	2,000		時間外預入	7,000
未渡小切手	3,000	5,000	（減　算）	
（減　算）			未取付小切手	1,000
買掛金誤記入		10,000		
		95,000		95,000

(2) 企業残高基準法

　　企業残高基準法とは，企業の当座預金勘定残高に不一致の原因となる項目を加減して，銀行の残高証明書残高に一致させる方法である。

銀行勘定調整表
×× 年 12 月 31 日
(単位：円)

当社の当座預金残高		100,000
（加　算）		
入金連絡未通知	2,000	
未渡小切手	3,000	
未取付小切手	1,000	6,000
（減　算）		
買掛金誤記入	10,000	
時間外預入	7,000	17,000
銀行残高証明書残高		89,000

(3) 銀行残高基準法

銀行残高基準法とは，銀行の残高証明書残高に不一致の原因となる項目を加減して，企業の当座預金勘定残高に一致させる方法である。

銀行勘定調整表

×× 年 12 月 31 日　　　（単位：円）

銀行残高証明書残高		89,000
（加　算）		
買掛金誤記入	10,000	
時間外預入	7,000	17,000
（減　算）		
入金連絡未通知	2,000	
未渡小切手	3,000	
未取付小切手	1,000	6,000
当社の当座預金残高		100,000

問題1 決算日（12月31日）における当座預金勘定残高は¥7,355,000，銀行残高証明書残高は¥7,275,000であった。不一致の原因に関する以下の事項について，修正仕訳を示しなさい。ただし，修正仕訳が不要な場合には，借方科目欄に「仕訳なし」と記入すること。

(1) M社に対する売掛金¥200,000が当座預金口座に振込まれていたが，当社には未通知であった。

(2) 仕入先N社に対する買掛金¥100,000の支払いとして同額の小切手を振出していたが，その際，誤って¥80,000と記帳してしまっていたことが判明した。

(3) 仕入先O社に対する買掛金支払いのため小切手¥50,000を作成したが，先方に未渡しであることが判明した。

(4) 仕入先P社に対する買掛金支払いのために振出した小切手¥175,000が，未取付であった。

(5) 12月31日に現金¥485,000を当座預金口座へ預入れたが，銀行営業時間終了後であったため，銀行では翌日入金として処理されていた。

問題2 問題1の内容にもとづいて，企業残高・銀行勘定区分調整法にて銀行勘定調整表を作成しなさい。なお，〔　　　〕には問題1における設問番号（1）〜（5）を，（　　　）には金額を記入しなさい。

問題 1

	借 方 科 目	金 額	貸 方 科 目	金 額
(1)				
(2)				
(3)				
(4)				
(5)				

問題 2

銀行勘定調整表

×× 年 12 月 31 日

（単位：円）

当座預金勘定残高	7,355,000	銀行残高証明書残高	7,275,000
（加　算）		（加　算）	
〔　　　　〕（　　　　）		〔　　　　〕 （　　　　）	
〔　　　　〕（＿＿＿＿）（　　　　）		（減　算）	
（減　算）		〔　　　　〕（　　　　）	
〔　　　　〕（＿＿＿＿）			
（＿＿＿＿）		（＿＿＿＿）	

問題3 問題1の内容にもとづいて，企業残高基準法にて銀行勘定調整表を作成しなさい。なお，〔　　　〕には問題1における設問番号（1）～（5）を，（　　　）には金額を記入しなさい。

問題4 問題1の内容にもとづいて，銀行残高基準法にて銀行勘定調整表を作成しなさい。なお，〔　　　〕には問題1における設問番号（1）～（5）を，（　　　）には金額を記入しなさい。

問題3

銀行勘定調整表

×× 年 12 月 31 日　　　（単位：円）

当座預金勘定残高			7,355,000
（加　算）			
〔　　　　　　〕		（　　　　　）	
〔　　　　　　〕		（　　　　　）	
〔　　　　　　〕		（＿＿＿＿＿）	（＿＿＿＿＿）
（減　算）			
〔　　　　　　〕		（　　　　　）	
〔　　　　　　〕		（＿＿＿＿＿）	（＿＿＿＿＿）
銀行残高証明書残高			（＿＿＿＿＿）

問題4

銀行勘定調整表

×× 年 12 月 31 日　　　（単位：円）

銀行残高証明書残高			7,275,000
（加　算）			
〔　　　　　　〕		（　　　　　）	
〔　　　　　　〕		（＿＿＿＿＿）	（＿＿＿＿＿）
（減　算）			
〔　　　　　　〕		（　　　　　）	
〔　　　　　　〕		（　　　　　）	
〔　　　　　　〕		（＿＿＿＿＿）	（＿＿＿＿＿）
当座預金勘定残高			（＿＿＿＿＿）

第7章　固定資産

1．固定資産の割賦購入の一連の流れ

　　固定資産を割賦購入する（分割払い）場合は，利息分については支払総額に加える処理が一般的である。つまり支払総額を負債勘定の借方に記入し，固定資産勘定の借方に購入価格を記入する。さらに支払総額と購入価格の差額を支払利息勘定または前払利息勘定で記入する。決算時には支払利息勘定または前払利息勘定を期間配分し，決算整理仕訳を行う。

（1）割賦購入時

　　（借）固定資産　×××　　　　（貸）未 払 金　×××
　　　　　前払利息　×××

（2）割賦金の支払時

　　（借）未 払 金　×××　　　　（貸）現金など　×××

（3）決算時

　　（借）支払利息　×××　　　　（貸）前払利息　×××

2．固定資産を期中に購入した場合

　　固定資産を期中に購入した場合，期末の減価償却費は使用した月数もしくは日数によって計算を行う。一般的には月割計算によって算出される。

（1）月数の場合

$$1年分の減価償却費 \times \frac{使用した月数}{12ケ月}$$

（2）日数の場合

$$1年分の減価償却費 \times \frac{使用した日数}{365日}$$

3．減価償却（定額法・定率法・生産高比例法）

　　固定資産は長期間使用することによって，摩耗や経年劣化などの価値の減少が起きる。その

ため，使用経過時間に応じ一定の方法で費用配分する。

　減価償却費の記録方法には**直接法**と**間接法**がある。直接法は有形固定資産勘定を減価償却費の計上分だけ貸方記入する。直接法の場合は，有形固定資産勘定の金額は未償却残高となる。一方，間接法では有形固定資産勘定は取得原価のまま記録が残る。間接法では有形固定資産ごとに減価償却累計額勘定の貸方側に減価償却費の計上分だけ記入する。

(1) 直接法

（借）減 価 償 却 費　×××　　　　　（貸）固 定 資 産　×××

(2) 間接法

（借）減 価 償 却 費　×××　　　　　（貸）減価償却累計額　×××

　減価償却は期末ごとに行われる。減価償却費の計算方法には**定額法，定率法，生産高比例法**などがある。

　①定額法

　　定額法は毎期一定額を減価償却費として計算する方法である。

（取得原価－残存価額）÷耐用年数

　②定率法

　　定率法は有形固定資産の期首未償却残高（取得原価から当該有形固定資産の減価償却累計額を控除した金額）に一定の償却率を乗じた金額を減価償却費とする方法である。

期首未償却残高×償却率
（取得原価－期首減価償却累計額）

　③生産高比例法

　　生産高比例法は総利用可能量が算出できる有形固定資産に適用できる。これは有形固定資産の使用度に比例して減価償却費とする方法である。

$$\text{（取得原価－残存価額）}\times \frac{\text{当期利用量}}{\text{総利用可能量}}$$

4．固定資産を期中に売却した場合

　有形固定資産を期中に売却した場合，売却した有形固定資産は貸方に，間接法の場合は取得原価，直接法の場合は簿価で記入する。また期首から売却が行われた月までの減価償却費を借方に

計上する。さらに間接法の場合は，売却した有形固定資産の減価償却累計額を借方に記入する。売却価額を借方に記入し，貸借の差額を固定資産売却益（もしくは固定資産売却損）で処理する。

(1) 間接法

（借）現 金 な ど ×××	（貸）固 定 資 産 ×××
減価償却累計額 ×××	固定資産売却益 ×××
減 価 償 却 費 ×××	

(2) 直接法

（借）現 金 な ど ×××	（貸）固 定 資 産 ×××
減 価 償 却 費 ×××	固定資産売却益 ×××

5．固定資産の買換え

有形固定資産は古いものを下取りに出し，新しい有形固定資産を購入する（買換え）場合がある。古い固定資産を下取り価額で売却した仕訳と，新しい固定資産の購入の仕訳を行う。古い固定資産の売却によって受取る現金を，新しい固定資産の購入に充てる。

（借）固 定 資 産 ×××	（貸）固 定 資 産 ×××
減価償却累計額 ×××	現 金 な ど ×××
	固定資産売却益 ×××

6．固定資産の除却と廃棄

固定資産は耐用年数の経過や継続利用が困難になった際に，事業の用途から除却する。このとき，売却処理と同様に，該当する固定資産勘定を貸方に記入し，減価償却累計額勘定を借方に記入する。除却の際に，固定資産に処分価値があると認められる時には，処分価値を見積もった金額で貯蔵品勘定の借方に記入する。

（借）減価償却累計額 ×××	（貸）固 定 資 産 ×××
貯 蔵 品 ×××	現 金 な ど ×××
固定資産除去損 ×××	

7．建設仮勘定の一連の流れ（手付金等の支払い・固定資産の完成，引渡時）

建設仮勘定は，完成してから引渡しを受けるまでに長期間を要する建物や機械装置などについては，工事期間に代金の一部を支払うときに，その支払額を一時的に記録する際に使用する。工事期間中の代金の一部の支払いについては，固定資産の受取りは終えていないため，固定資産勘定には計上できない。建設仮勘定は代金の一部を工事期間中に支払った時には借方に

記入し，固定資産の引渡しを受けた時点で固定資産勘定に切替える。

(1) 手付金の支払い
(借)建 設 仮 勘 定 ×××　　　(貸)現 金 な ど ×××

(2) 固定資産の完成引渡
(借)固 定 資 産 ×××　　　(貸)現 金 な ど ×××
　　　　　　　　　　　　　　　　　建 設 仮 勘 定 ×××

8. 固定資産の改良と修繕

　有形固定資産の取得後に行われる支出は，収益的支出と資本的支出に区別される。収益的支出とは修繕として行う支出のことを指す。これは有形固定資産の価値または機能の現状維持が目的である。この時の支出額は修繕費として支出した会計期間の費用として計上される。

　資本的支出とは改良として行う支出のことを指す。これは有形固定資産の価値の増加や耐用年数を延長させる目的で行う。この時の支出は費用ではなく対象の資産の原価に増加させる。

(1) 収益的支出
(借)修 　 繕 　 費 ×××　　　(貸)現 金 な ど ×××

(2) 資本的支出
(借)固 定 資 産 ×××　　　(貸)現 金 な ど ×××

9. 固定資産の滅失の一連の流れ

　固定資産は焼失などによって失われた場合は，帳簿価格で損失として処理する。しかし，この固定資産に保険がかけられている場合は，保険金を受取る可能性があるため，保険金受取が確定するまでは損失の金額は未確定である。この時，一時的に未決算勘定で処理をする。火災など具体的な被害内容がある場合は火災未決算勘定を用いることもある。

　保険金の受取りが確定した場合，未決算勘定を貸方記入して消去し，未収入金勘定に振替処理を行う。受取る保険金の額が，被害にあった固定資産の帳簿価格を上回る場合にはその差額は収益とし，保険差益勘定で貸方記入する。反対に固定資産の帳簿価格よりも下回る場合には差額を費用とし，火災損失勘定で借方記入する。

(1) 保険をかけている場合
①滅失時
(借)減価償却累計額 ×××　　　(貸)固 定 資 産 ×××
　　未 　 決 　 算 ×××

②保険金確定時

未決算＞保険金

（借）未　収　入　金　×××　　　　　　（貸）未　　決　　算　×××
　　　火　災　損　失　×××

未決算＜保険金

（借）未　収　入　金　×××　　　　　　（貸）未　　決　　算　×××
　　　　　　　　　　　　　　　　　　　　　保　険　差　益　×××

（2）保険をかけていない場合
　　　（借）減価償却累計額　×××　　　　（貸）固　定　資　産　×××
　　　　　火　災　損　失　×××

10. 圧縮記帳の一連の流れ

　　企業は，高額な固定資産を取得する際に，国庫補助金や工事負担金の交付を受ける場合がある。固定資産の取得原価から，交付された国庫補助金等の金額を控除する方法を圧縮記帳という。国庫補助金等が当座預金に入金された場合は，借方に当座預金，貸方に収益として国庫補助金受贈益勘定を計上する。工事負担金の場合は工事負担金受贈益勘定を用いる。

　　　　（借）当　座　預　金　×××　　　（貸）国庫補助金受贈益　×××

　　固定資産を取得して，代金は現金で支払ったときは，次のように仕訳する。

　　　　（借）固　定　資　産　×××　　　（貸）現　　　　　金　×××

　　国庫補助金等の金額を圧縮記帳する。当該固定資産の金額から直接減額を行い，借方に固定資産圧縮損勘定を計上し費用処理する。

　　　　（借）固定資産圧縮損　×××　　　（貸）固　定　資　産　×××

　　なお，当該固定資産の減価償却費を計算する際には，国庫補助金受贈益勘定を固定資産圧縮損で相殺し，減額された資産の取得価額をもとに行う。

MEMO

問題1 次の取引の仕訳をしなさい。なお，決算日は12月31日とする。

(1) 20△△年8月1日に営業用自動車（現金購入価格¥1,000,000）を割賦契約で購入した。代金は月末ごとに支払期限が順次到来する額面¥110,000の約束手形10枚を振出した。なお，利息相当分については資産勘定で処理する。

(2) 20△△年8月31日，支払期日の到来した約束手形について，当座預金口座から引落とされた。

(3) 20△△年12月31日，決算にあたり，利息分を期間配分する。

問題2 次の問に解答しなさい。なお，決算日は12月31日とする。

(1) 備品¥80,000（1年間の減価償却費は¥12,000である）を9月に購入し，決算に際し計上すべき減価償却費の金額を求めよ。

(2) 営業用自動車¥7,000,000（1年間の減価償却費は¥131,400である）を期中に購入し，決算までの経過期間は125日である。決算に際し計上すべき減価償却費の金額を求めよ。

問題3 次の取引の仕訳をしなさい。なお，決算日は12月31日とする。

(1) 6月1日に取得した備品（取得原価¥2,000,000，耐用年数15年，残存価額は取得原価の10%）について，決算に際し減価償却を定額法で行う。なお記帳方法は直接法を用いている。

(2) 備品（取得原価¥5,000,000，備品減価償却累計額¥1,800,000，償却率20%）の減価償却を定率法で行う。

(3) 営業用自動車（取得原価¥5,400,000，車輌減価償却累計額¥1,944,000，残存価額は取得原価の10%，総見積走行可能距離200,000km，当期走行距離40,000km）の減価償却を生産高比例法で行う。

問題 1

	借 方 科 目	金 額	貸 方 科 目	金 額
(1)				
(2)				
(3)				

問題 2

	計算過程	金 額
(1)		
(2)		

問題 3

	借 方 科 目	金 額	貸 方 科 目	金 額
(1)				
(2)				
(3)				

問題 4 次の取引の仕訳をしなさい。なお，決算日は 12 月 31 日とする。

(1) 備品（取得原価¥300,000，減価償却累計額¥101,250，耐用年数 6 年，残存価額は取得原価の 10％）を 9 月に¥150,000 で売却し，小切手で受取った。なお減価償却は定額法で行っている。

(2) 建物（取得原価¥1,000,000，減価償却累計額¥240,000，耐用年数 15 年，残存価額は取得原価の 10％）を 7 月に¥800,000 で売却し，代金は小切手で受取り，ただちに当座預金とした。なお減価償却は定額法で行っている。

(3) 期首に営業用自動車（取得原価¥500,000，減価償却累計額¥180,000，耐用年数 10 年，残存原価は取得原価の 10％）を下取りに出し，新車¥600,000 を購入した。下取り価額¥250,000 を差引いた残額を，小切手を振出して支払った。

(4) 期首に備品（取得原価¥600,000，減価償却累計額¥480,000）を除却した。処分価値は¥80,000 であったため，倉庫に保管することとした。

問題 5 次の取引の仕訳をしなさい。

(1) 本社の建設工事のため建設工事契約（工事代金総額¥5,000,000，各回¥1,000,000 で 5 回の分割払い）を結び，第 1 回の支払いを当座預金から行った。

(2) 工事が完了し，引渡しを受けた。

問題 4

	借 方 科 目	金　　額	貸 方 科 目	金　　額
(1)				
(2)				
(3)				
(4)				

問題 5

	借 方 科 目	金　　額	貸 方 科 目	金　　額
(1)				
(2)				

問題6　次の取引の仕訳をしなさい。

(1) 業務用パソコンに記憶装置を増設し，代金¥120,000を現金で支払った。なお，今回の取付けは改良（資本的支出）として処理した。

(2) 上記の業務用パソコンを修理に出し，修理代金¥18,000を現金で支払った。

問題7　次の取引の仕訳をしなさい。

(1) 期首に倉庫建物（取得原価¥1,200,000，減価償却累計額¥780,000）が火災に遭い焼失した。なお当該倉庫には火災保険が掛けられている。

(2) （1）の倉庫建物について保険会社より保険金¥400,000が支払われる報告を受けた。

問題8　次の取引の仕訳をしなさい。

(1) 期首に建物の取得にあたり国庫補助金¥300,000の交付を受け，当座預金とした。

(2) 同期首に建物¥2,300,000（耐用年数5年，残存価額¥0）を取得し小切手を振出した。

(3) 決算に際し，上記建物について補助金に相当する額の圧縮記帳（直接控除方式）を行う。

(4) 決算に際し，上記建物の減価償却を定額法で行う。記帳方法は間接法を用いる。

問題 6

	借 方 科 目	金 額	貸 方 科 目	金 額
(1)				
(2)				

問題 7

	借 方 科 目	金 額	貸 方 科 目	金 額
(1)				
(2)				

問題 8

	借 方 科 目	金 額	貸 方 科 目	金 額
(1)				
(2)				
(3)				
(4)				

第8章 リース取引

《ポイント整理》

　　リースとは，特定の資産の所有者である貸手が，当該資産の借手に対し，リース期間にわた
り使用する権利を与えることである。借手はリース料を貸手に支払うことで使用権利を得る。

　　リース取引は，基本的には賃貸借取引であるが，リースの契約内容によって，その実態は異
なる。リース取引には**ファイナンス・リース取引**と**オペレーティング・リース取引**がある。

1．ファイナンス・リース取引の一連の流れ

　　ファイナンス・リース取引となる条件は①リース期間の中途解約ができない取引またはこれ
に準ずる取引，②借手がリース物件から得られる経済的利益を実質的に享受でき，かつリース
物件の使用に伴う費用を実質的に負担する（フルペイアウト）ことである。

　　ファイナンス・リース取引では，借手は当該資産を購入した時と同様の売買処理に準じた会
計処理を行う。リース取引開始時はリース資産をリース資産勘定，かかる債務をリース債務勘
定で処理する。

　　リース期間は通常長期間にわたるため，リース料の総額は見積現金購入価額（リース資産を現
金で購入した場合に支払うであろう金額）よりも高くなり，この差額は利息に値する。利息処理方
法には，**利子込み法**と**利子抜き法**がある。

(1) リース契約時

　　①利子込み法

　　（借）リース資産　×××　　　　（貸）リース債務　×××

　　②利子抜き法

　　（借）リース資産　×××　　　　（貸）リース債務　×××

(2) リース料支払時

　　①利子込み法

　　（借）リース債務　×××　　　　（貸）現金など　×××

　　②利子抜き法

　　（借）リース債務　×××　　　　（貸）現金など　×××
　　**　　支払利息　×××**
　　リース債務の金額＝見積現金購入価格÷リース期間
　　支払利息の計算＝利息相当額÷リース期間

(3) 決算時

　　（借）減 価 償 却 費　×××　　　　　（貸）リース資産減価償却累計額　×××

2．オペレーティング・リース取引の一連の流れ

　　ファイナンス・リース取引以外の取引をオペレーティング・リース取引という。オペレーティング・リース取引では通常の賃貸借処理に準じた会計処理を行う。そのため，リース契約時には仕訳の必要はない。

(1) リース契約時
　　仕訳なし

(2) リース料支払時

　　（借）支払リース料　×××　　　　（貸）現 金 な ど　×××

(3) 決算時
　　減価償却の必要がないため，仕訳は必要ない。

MEMO

次の取引について①利子込み法，②利子抜き法の場合の仕訳をしなさい。仕訳の必要のない場合には「仕訳なし」と記入しなさい。なお，決算日は３月31日とする。

(1) ７月１日に，東京リース株式会社と下記の条件で備品のリース契約を結んだ。なお，このリース取引はファイナンス・リース取引である。
　　　リース期間：５年
　　　リース料：年額 ¥800,000（支払日：12月末と６月末に ¥400,000 の支払い）
　　　リース資産の見積現金購入価額：¥3,940,000

(2) 12月31日に１回目のリース料金の支払いにあたり小切手を振出した。

(3) 決算に際し，必要な決算整理を行う。なおリース資産の減価償却は定額法，残存価額 ¥0，記帳方法は間接法による。

問題 2　次の取引について仕訳しなさい。仕訳の必要のない場合には「仕訳なし」と記入しなさい。なお，決算日は３月31日とする。

(1) ×１年10月１日に，神奈川リース株式会社と下記の条件で備品のリース契約を結んだ。なお，この取引はオペレーティング・リース取引である。
　　　リース期間：５年
　　　リース料：¥240,000（毎年９月末日に支払い）

(2) ×２年３月31日，決算に際し，必要な決算整理を行う。

(3) ×２年９月31日にリース料の支払いのため小切手を振出した。なお，期首に前期末の未払リース料については再振替仕訳が行われている。

問題 1

	借 方 科 目	金 額	貸 方 科 目	金 額
(1) ①				
②				
(2) ①				
②				
(3) ①				
②				

問題 2

	借 方 科 目	金 額	貸 方 科 目	金 額
(1)				
(2)				
(3)				

第9章　研究開発費とソフトウェア

《ポイント整理》

1. 研究開発費

　研究開発費には，人件費，材料費，固定資産，間接費の配賦額など，研究開発のために消費されたすべての費用が計上される。原則として，研究開発費は発生時に費用処理する。

　　（借）研 究 開 発 費 ×××　　　　（貸）現　金　な　ど ×××

2. 無形固定資産

　無形固定資産とは，建物や備品等のように物としての具体的な形はないが，経済的便益が得られる固定資産のことを指す。具体的には社内利用目的のソフトウェア，法律上の権利とそれに準ずる**特許権**や**商標権等**，また経済上の優位性をあらわすのれん等が無形固定資産に分類される。

　のれん以外の無形固定資産は，取得に要した支出額を取得原価とする。取得原価は償却によって規則的な配分が必要である。法律上または契約上の権利の有効期限内に**残存価額をゼロ**として**定額法**により償却を行う。

　のれんとは，ある企業が同業種の平均以上の収益力を持つ場合の，その超過収益力を生む源泉となるものを金額で表示したものである。資産として計上されるのれんは，合併や買収の場合に，被取得企業の取得原価が，被取得企業の純資産額を超過する部分である。不足した場合は，固定負債項目に**負ののれん**として計上する。のれんもその他の無形固定資産と同様に，基本的には償却によって規則的な配分が必要である。のれんは**20年以内**に定額法その他の合理的な方法により，残存価額をゼロとして償却を行う。しかし，のれんの金額の重要性が乏しい場合は，費用として処理することもできる。

3. ソフトウェア（自社利用）の一連の流れ

　自社利用目的のソフトウェアを購入し，その利用によって将来の収益獲得や経費削減となる場合は，取得に要した費用をソフトウェア勘定で処理する。外部に依頼した社内利用目的のソフトウェアが引渡しまでに長期間を有し，開発途中の代金を支払う場合，引渡し前の支払額は一時的に**ソフトウェア仮勘定**を用いる。ソフトウェアの引渡しを受けた時にはソフトウェア勘定に振替を行う。

　決算時には**直接法**により，償却を行う。

　(1) ソフトウェア購入時
　　（借）ソ フ ト ウ ェ ア ×××　　　　（貸）現　金　な　ど ×××

（2）決算時

　　（借）ソフトウェア償却　×××　　　　（貸）ソフトウェア　×××

MEMO

問題1 次の取引の仕訳をしなさい。

(1) 研究開発部門の従業員の給料 ¥560,000 と材料費 ¥400,000 について小切手を振出した。

(2) 期首に社内の経費削減目的でソフトウェアを取得し，代金 ¥300,000 は月末に支払うことにした。

(3) 決算に際し，上記のソフトウェアを定額法で償却する。なお，当該ソフトウェアの利用可能期間は 6 年と見積もっている。

問題 1

	借 方 科 目	金　　額	貸 方 科 目	金　　額
(1)				
(2)				
(3)				

第10章　有価証券

┌─《ポイント整理》──────────────────────────────

1．有価証券の分類

　有価証券には，株式，社債，公債（国債や地方債）などがあり，保有目的によって，**売買目的有価証券，満期保有目的有価証券，子会社株式・関連会社株式，その他有価証券**に分類される。

(1) 売買目的有価証券

　売買目的有価証券とは，時価の変動を利用して短期的に売買することで，利益を得るために保有する株式や社債のことである。貸借対照表上では，流動資産の項目に**有価証券**として区分表示される。

(2) 満期保有目的有価証券

　満期保有目的有価証券とは，満期まで所有する意図を持って保有する社債やその他有価証券のことである。貸借対照表上では，1年以内に満期到来するものは，流動資産の項目に有価証券として区分表示され，それ以外のものは固定資産の投資その他の資産の項目に**投資有価証券**として区分表示される。

(3) 子会社株式・関連会社株式

　子会社株式とは，他社の意思決定機関を支配するために保有している株式のことである。関連会社株式とは，人事や取引などを通じて他社の意思決定に影響力を及ぼすために保有している株式のことである。貸借対照表上では，固定資産の投資その他の資産の項目に**関係会社株式**として区分表示される。なお，発行済株式総数のうち，過半数（50％超）を所有した場合，子会社株式となり，過半数未満の場合は関連会社株式となる。

(4) その他有価証券

　その他有価証券とは，上記の分類にあてはまらない有価証券のことで，長期的な利殖のために保有する株式や業務提携のために長期保有する相互持合株式などがある。貸借対照表上では，固定資産の投資その他の資産の項目に**投資有価証券**として区分表示される。

2．有価証券の購入

　有価証券を取得した場合には，それぞれの保有目的に応じた勘定科目（資産）の増加として処理する。有価証券の取得原価は，有価証券本体の価額（**購入代価**）に，証券会社に支払う売

└────────────────────────────────────

買手数料など（付随費用）を加えた金額となる。

有価証券の取得原価＝購入代価＋付随費用

3．配当金，利息の受け取り

配当金領収書が株式会社から送られてきたり社債に付いている利札の期限が到来した場合，銀行などで現金に換えてもらうことができる。したがって，配当金領収書を受取った時や社債の利払日に，現金（資産）の増加として処理をするとともに，受取配当金（収益）や有価証券利息（収益）の発生として計上する。

（借）現　金　な　ど　×××　　　（貸）受　取　配　当　金　×××

（借）現　金　な　ど　×××　　　（貸）有　価　証　券　利　息　×××

4．有価証券の売却

同一銘柄の株式や債券を異なる単価で複数回に分けて購入したのち，決算を迎える前にその一部を売却した場合は，平均原価法や先入先出法などで単価を算定し，その単価に売却株式数をかけて売却株式の帳簿価額を算定する。売却価額と帳簿価額との差額は，**有価証券売却益（収益）**または**有価証券売却損（費用）**で処理する。

平均原価法

$$平均単価＝\frac{取得原価の合計額}{取得株式数の合計}$$

売却株式の帳簿価額＝@平均単価×売却株式数

（借）未　収　金　な　ど　×××　　　（貸）売買目的有価証券　×××
　　　　　　　　　　　　　　　　　　　　　有　価　証　券　売　却　益　×××

5．決算時

（1）売買目的有価証券

売買目的有価証券の帳簿価額は，決算時に時価によって評価替えする（時価法）。評価差額は，当期の損益として処理をし，時価が帳簿価額を上回る場合には，その差額を**有価証券評価益（有価証券評価損益）**勘定の貸方で処理し，時価が帳簿価額を下回る場合には，その差額を**有価証券評価損（有価証券評価損益）**勘定の借方で処理する。

前期末に計上した有価証券の評価差額は，翌期において**洗替法**または**切放法**で処理する。

（借）売買目的有価証券 ×××　　　（貸）有価証券評価益 ×××

　　洗替法：評価差額を翌期首の帳簿価額に加算または減算し取得原価に戻す方法
　　切放法：期末時価をそのまま翌期の帳簿価額とする方法

(2) 満期保有目的有価証券

　　満期保有目的有価証券は，満期まで保有することが前提であるため，決算時に時価で評価する意味がないため，評価替えはしない。ただし，社債などの債券を額面金額よりも低い金額または高い金額で取得した場合，その差額が金利を調整するための差額（**金利調整差額**）と認められる時には，**償却原価法（定額法）**で処理する。償却原価法は，額面金額と取得原価との差額を取得日から満期日の間，期間に応じた一定額を有価証券の帳簿価額に加算または減算し，その差額分を**有価証券利息**勘定（収益）で処理する。

　　金利調整差額の当期加減額（償却額）＝

$$\underset{(\text{額面金額}-\text{取得価額})}{\text{金利調整差額}} \times \frac{\text{当該年度の所有月数}}{\text{取得日から償還日までの月数}}$$

（借）満 期 保 有 目 的 有 価 証 券 ×××　　　（貸）有 価 証 券 利 息 ×××

(3) 子会社株式・関連会社株式

　　子会社株式・関連会社株式は，支配目的で長期間保有することが前提であるため，決算時に時価で評価する意味がないため，評価替えはしない。

(4) その他有価証券

　　その他の有価証券は，時価で評価し，貸借対照表価額とする。売買目的有価証券とは異なり，すぐに売却するわけではないので，評価差額は損益計算書には計上しない。前期末に計上した有価証券の評価差額は，翌期において**洗替法**で処理され，その他有価証券の帳簿価額を取得原価に振り戻す。評価差額は，時価が帳簿価額を上回る場合には，その他有価証券勘定の借方に記入するとともに，**その他有価証券評価差額金**勘定（純資産）の貸方で処理する。時価が帳簿価額を下回る場合には，その評価差額をその他有価証券勘定の貸方に記入するとともに，**その他有価証券評価差額金**勘定（純資産）の借方で処理する（**全部純資産直入法**）。

6. 端数利息

　　公社債の利息は，所有者が利払日に発行会社から受取る。公社債が利払日以外に売買された場合，前回の利払日の翌日から売却日までの利息（**端数利息**）は，売主に帰属するため，通常，

債券の価額とともに買主は売主に支払う。買主は端数利息を**有価証券利息**勘定（収益）の借方に記入し，次の利払日が到来（または利払日前に売却）したら，利息の受け取り分を貸方に記入する。売主は，買主から受取った売買日までの端数利息を有価証券利息勘定の貸方に記入する。

$$端数利息＝額面金額×年利率×\frac{前回の利払日の翌日から売却日までの日数}{365 日}$$

売主（前の所有者）

前回の利払日　：（借）現　金　な　ど　×××　　　　（貸）有 価 証 券 利 息　×××

売却時　　　　：（借）現　金　な　ど　×××　　　　（貸）売買目的有価証券　×××
　　　　　　　　　　　　　　　　　　　　　　　　　　　　　有 価 証 券 利 息　×××
　　　　　　　　　　　　　　　　　　　　　　　　　　　　　有 価 証 券 売 却 益　×××

売却後の利払日：　　　　　　　　————

買主（次の所有者）

前回の利払日　：　　　　　　　　————

購入時　　　　：（借）売買目的有価証券　×××　　　（貸）現　金　な　ど　×××
　　　　　　　　　　　有 価 証 券 利 息　×××

購入後の利払日：（借）現　金　な　ど　×××　　　　（貸）有 価 証 券 利 息　×××

問題 1 　次の取引について仕訳を示しなさい。

(1) 売買目的で，明石車体株式会社の社債（額面総額￥1,000,000）を額面￥100 につき￥95 で購入し，代金は売買手数料￥4,400 とともに月末に支払うこととした。

(2) 上記の社債のすべてを額面￥100 につき￥97 で売却し，代金は月末に受取ることとした。

(3) バレンティン商会株式会社の株式 3,000 株を 1 株あたり￥300 で購入し，代金は購入手数料￥2,500 とともに月末に支払うこととした。なお，バレンティン商会株式会社の発行済株式総数は，4,000 株である。

(4) 内川工業株式会社の株式（その他有価証券）1,000 株を 1 株あたり￥400 で購入し，代金は購入手数料￥3,000 とともに月末に支払うこととした。

(5) 売買目的で所有する甲斐商業株式会社株式のうち 750 株を 1 株あたり￥203 で売却し，代金は月末に受取ることとした。なお，当該株式は 2 回に分けて獲得したものであり，1 回目は 1,000 株を 1 株あたり￥200 で，2 回目は 500 株を 1 株あたり￥206 で取得している。また，当社は平均原価法で記帳している。

問題 2 　次の取引について仕訳を示しなさい。

(1) 令和×1 年 9 月 13 日サファテ株式会社は売買目的で購入した長谷川水産株式会社社債（額面総額￥600,000，年利率 7.3%，利払日は 6 月末日と 12 月末日）を，額面￥100 につき￥95.3 で和田商事株式会社に売却し，代金は端数利息とともに現金で受取った。なお，当該社債は額面￥100 につき￥95 で購入したものである。

(2) 令和×1 年 9 月 13 日和田商事株式会社は売買目的で長谷川水産株式会社社債（条件は（1）と同じ）を，額面￥100 につき￥95.3 で購入し，代金は端数利息とともに現金で支払った。

問題 1

	借 方 科 目	金　　額	貸 方 科 目	金　　額
(1)				
(2)				
(3)				
(4)				
(5)				

問題 2

	借 方 科 目	金　　額	貸 方 科 目	金　　額
(1)				
(2)				

次の取引について仕訳を示しなさい。

決算時に保有している売買目的有価証券（S社株式：帳簿価額￥60,000，時価￥59,000　H社社債：帳簿価額￥62,000，時価￥65,000）について，決算時の仕訳を示しなさい。

問題4　次の取引について仕訳を示しなさい。

(1)　令和×1年4月1日満期保有目的で嘉弥真精機株式会社の社債（額面総額￥1,000,000，年利率7.3%，満期日は令和×7年3月31日）を額面￥100につき￥97で購入し，代金は小切手を振出して支払った。

(2)　令和×2年3月31日決算において，(1)の満期保有目的有価証券について償却原価法（定額法）により処理する。

問題5　次の取引について仕訳を示しなさい。

(1)　決算時において，モイネロ産業株式会社株式（その他有価証券）の帳簿価額￥380,000を時価￥395,000に評価替えする。なお，評価差額は全部純資産直入法によって処理する。

(2)　翌期首において，(1)の評価差額について再振替仕訳を行う。

問題3

借　方　科　目	金　　額	貸　方　科　目	金　　額

問題4

	借　方　科　目	金　　額	貸　方　科　目	金　　額
(1)				
(2)				

問題5

	借　方　科　目	金　　額	貸　方　科　目	金　　額
(1)				
(2)				

第11章 引当金

1. 貸倒引当金

　　貸倒引当金とは，翌期以降に売掛金などの債権が貸倒れると予想される場合，決算において貸倒の予想額を設定する引当金のことである。

(1) 決算時

　　企業が所有する一般債権に対する貸倒引当金の設定額は，債権の期末残高に貸倒実績率を乗じることによって見積もる。一方，回収可能性に問題がある債権を企業が所有している場合，その債権については個別に貸倒引当金を設定する。

　　期末において貸倒引当金残高がある場合には，貸倒引当金の設定額からその残高を控除した金額を繰入額とする。これを差額補充法という。

貸倒引当金の設定額＞貸倒引当金期末残高の場合

（借）貸 倒 引 当 金 繰 入 ×××　　　（貸）貸 倒 引 当 金 ×××

貸倒引当金の設定額＜貸倒引当金期末残高の場合

（借）貸 倒 引 当 金 ×××　　　（貸）貸 倒 引 当 金 戻 入 ×××

(2) 債権の貸倒時

①貸倒れた債権額＜貸倒引当金残高の場合

（借）貸 倒 引 当 金 ×××　　　（貸）売 掛 金 な ど ×××

②貸倒れた債権額＞貸倒引当金残高の場合

（借）貸 倒 引 当 金 ×××　　　（貸）売 掛 金 な ど ×××
　　　貸 倒 損 失 ×××

③当期発生した債権が貸倒れた場合

（借）貸 倒 損 失 ×××　　　（貸）売 掛 金 な ど ×××

(3) 過年度の貸倒れた債権が当期になって回収された時

（借）現 金 な ど ×××　　　（貸）償 却 債 権 取 立 益 ×××

2. 修繕引当金

　　修繕引当金とは，有形固定資産の維持のために，翌期以降に修繕が行われる場合，決算において修繕金額のうち当期の負担に属する金額を設定する引当金のことである。

(1) 決算時

  (借) 修 繕 引 当 金 繰 入 ×××　　(貸) 修 繕 引 当 金 ×××

(2) 修繕費の支払時

  (借) 修 繕 引 当 金 ×××　　(貸) 現 金 な ど ×××

　なお，翌期以降の期末において修繕引当金勘定に残高がある場合には，それを取り崩すために，修繕引当金勘定の借方に記入し，修繕引当金戻入勘定の貸方に記入する。

3. 退職給付引当金

　退職給付引当金とは，従業員の退職時以後支払われる退職一時金や退職年金がある場合，決算において退職給付のうち当期に起因している金額を設定する引当金のことである。

(1) 決算時

  (借) 退 職 給 付 費 用 ×××　　(貸) 退 職 給 付 引 当 金 ×××

(2) 退職金の支払時

  (借) 退 職 給 付 引 当 金 ×××　　(貸) 現 金 な ど ×××

4. 賞与引当金

　賞与引当金とは，当期の労働を対象として翌期に賞与を支払う場合，決算において賞与のうち当期に起因している金額を設定する引当金のことである。

(1) 決算時

  (借) 賞 与 引 当 金 繰 入 ×××　　(貸) 賞 与 引 当 金 ×××

(2) 賞与の支払時

  (借) 賞 与 引 当 金 ×××　　(貸) 現 金 な ど ×××
  　　賞 　　　　与 ×××

5. 売上割戻引当金

　売上割戻引当金とは，当期に販売した商品等を対象とし，翌期以降に売上割戻が発生する可能性がある場合，決算において売上割戻金額を設定する引当金のことである。

(1) 決算時

  (借) 売 上 割 戻 引 当 金 繰 入 ×××　　(貸) 売 上 割 戻 引 当 金 ×××

(2) 売上割戻時

（借）売 上 割 戻 引 当 金　×××　　　（貸）現　　金　　な　　ど　×××

　なお，翌期の期末において売上割戻引当金勘定に残高がある場合には，それを取り崩すために，売上割戻引当金勘定の借方に記入し，売上割戻引当金戻入勘定の貸方に記入する。

6. 返品調整引当金

　返品調整引当金とは，当期に販売した商品等を対象とし，翌期以降にその商品等が返品される可能性がある場合，決算において返品によって被る損失を設定する引当金のことである。返品調整引当金の算定には，売掛金基準（売掛金など×返品率×売上総利益率）と売上高基準（期末以前2ケ月の売上高×返品率×売上総利益率）がある。

(1) 決算時

（借）返 品 調 整 引 当 金 繰 入　×××　　　（貸）返 品 調 整 引 当 金　×××

(2) 返品時

（借）返 品 調 整 引 当 金　×××　　　（貸）現　　金　　な　　ど　×××
　　　　仕　　　　　　　入　×××
　　　　　（返品された商品の原価相当額）

　なお，翌期の期末において返品調整引当金勘定に残高がある場合には，それを取り崩すために，返品調整引当金勘定の借方に記入し，返品調整引当金戻入勘定の貸方に記入する。

MEMO

問題 1 次の取引について仕訳を示しなさい。

(1) 決算において貸倒引当金を設定する。決算整理前残高試算表における売掛金残高は¥450,000, 受取手形残高は¥100,000, 貸倒引当金残高は¥12,000である。なお, 貸倒引当金の設定率は3%とし, 差額補充法により処理する。

(2) 決算において貸倒引当金を設定する。決算整理前残高試算表における売掛金残高は¥500,000, 貸倒引当金は¥12,000である。なお, 貸倒引当金の設定率は2%とし, 差額補充法により処理する。

(3) 決算に際して, 貸付金¥600,000に対し貸倒引当金を設定する。この貸付金の債務者は経営状態に重大な問題が生じている。そのため, 貸倒引当金の評価は, 担保の処分見込額¥250,000を差し引いた金額に対して50%を乗ずることとする。

(4) 前期に発生した売掛金¥130,000が貸倒れた。ただし, 貸倒引当金の残高は¥150,000であった。

問題 2 次の取引について仕訳を示しなさい。

(1) 決算に際して, 修繕引当金¥3,000を設定する。

(2) 建物の修繕を行い, 修繕費¥5,000を現金で支払った。なお, 修繕引当金の残高は¥3,000である。

(3) 建物の修繕と改良を行い, 現金¥8,000を支払った。このうち, 資本的支出が¥4,000であった。なお, 修繕引当金の残高は¥3,000である。

問題 3 次の取引について仕訳を示しなさい。

(1) 決算において, 退職給付引当金¥10,000を設定する。

(2) 従業員が退職し, 退職金¥8,000を現金で支払った。なお, 退職給付引当金の残高は¥10,000である。

(3) 決算において, 賞与引当金¥15,000を設定する。

(4) 賞与支給日において, 賞与¥18,000を現金で支払った。なお, 賞与引当金の残高は¥15,000である。

	借 方 科 目	金　　　額	貸 方 科 目	金　　　額
(1)				
(2)				
(3)				
(4)				

問題 2

	借 方 科 目	金　　　額	貸 方 科 目	金　　　額
(1)				
(2)				
(3)				

問題 3

	借 方 科 目	金　　　額	貸 方 科 目	金　　　額
(1)				
(2)				
(3)				
(4)				

問題4 次の取引について仕訳を示しなさい。

(1) 決算において，売上割戻引当金￥2,500 を設定する。

(2) 得意先に対して，￥1,000 の割戻を適用した。このうち￥600 は前期の売上に対するものであり，残額は当期の売上に対するものである。なお，売上割戻は売掛金と相殺した。また，売上割戻引当金の残額は￥2,500 である。

(3) 決算において，返品調整引当金（売掛金基準）を設定する。当社の売掛金の期末残高は￥50,000 であり，売上総利益率は 20％，返品率は 30％である。

(4) 前期の掛売商品￥2,000（原価：￥1,600）が返品された。返品調整引当金の残高は￥3,000 であった。

問題 4

	借 方 科 目	金 額	貸 方 科 目	金 額
(1)				
(2)				
(3)				
(4)				

第12章　精算表と財務諸表

```
┌─《ポイント整理》──────────────────────────────────

 1. 決算整理
    すでに3級で学習したように決算整理には次のようなものがある。
      現金過不足の整理（決算時の現金過不足の処理）
      当座預金残高の修正（修正仕訳を必要とする項目）
      売上原価の算定（棚卸減耗損と商品評価損の計算）
      有価証券の評価替え（売買目的有価証券，満期保有目的債券，子会社株式，関連会社株式，その他
      有価証券の期末評価）
      引当金の設定（貸倒引当金，修繕引当金，退職給付引当金，賞与引当金，売上割戻引当金，返品調整
      引当金の設定方法）
      有形固定資産の減価償却（定額法，定率法，生産高比例法の計算，圧縮記帳，リース）
      無形固定資産の償却（償却方法と記帳方法，のれんの最長償却期間）
      ソフトウェアの償却（償却方法）
      費用・収益の見越し，繰延べ（見越し，繰延べの処理）


 2. 精算表の作成
    精算表は，（残高）試算表，決算整理，貸借対照表，損益計算書を1つの表にしたものである。


 3. 損益計算書の作成
    損益計算書は一会計期間の収益と費用から当期純利益を計算した書類である。損益計算書の
    形式には，勘定式と報告式がある。
    以下のような手順で当期純利益を計算する。
      ①売上高－売上原価＝売上総利益
      ②売上総利益－販売費一般管理費（給料，広告費，減価償却費，貸倒引当金繰入など）＝営業利益
      ③営業利益＋営業外収益（受取利息，有価証券利息など）－営業外費用（支払利息，有価証券評
        価損など）＝経常利益
      ④経常利益＋特別利益（固定資産売却益，保険差益など）－特別損失（固定資産売却損，火災損
        失など）＝税引前当期純利益
      ⑤税引前当期純利益－法人税等（法人税，住民税および事業税）＝当期純利益
```

4．貸借対照表の作成

　貸借対照表は，決算日における資産，負債，純資産の状況を記載した書類である。貸借対照表の形式には，勘定式と報告式がある。勘定式による報告が一般的である。

　貸借対照表は，以下のように分類されている。

　①資産の部（借方）

　　資産の部はさらに（1）流動資産，（2）固定資産，（3）繰延資産に分類される。流動資産と固定資産の区分は，決算日の翌日から1年以内に現金化されるかどうかで決まることになる。

　②負債の部

　　負債の部は，（1）流動負債，（2）固定負債に区分される。流動負債と固定負債の区分は，決算日の翌日から1年以内に返済されるかどうかで決まる。

　③純資産の部

　　純資産の部は，（1）株主資本，（2）評価・換算差額等に区分される。株主資本には，資本金，資本剰余金，利益剰余金が記載され，評価・換算差額等には，その他有価証券評価差額金が記載される。

5．株主資本等変動計算書

　株主資本等変動計算書は，純資産の変動を表す財務諸表である。貸借対照表の純資産の項目について，期首残高，変動額，期末残高を記載する。

6．繰越資産表の作成

　繰越試算表は，資産，負債，純資産の次期繰越額を表示するもので，次期に繰越した資産，負債，純資産の金額が正しいかどうかをチェックするために作成する。

問題1 次の決算整理事項等にもとづいて，解答用紙の精算表を完成させなさい。

[決算整理事項]

(1) 期首商品棚卸高は¥108,000である。

期末商品棚卸高は¥120,000である。

(2) 期末商品の帳簿棚卸高は以下のとおりである。

	数　量	単　価
帳簿棚卸高	200個	¥600
実地棚卸高	198個	¥595

(3) 決算整理日の貸倒引当金残高が¥500あり，売上債権の残高は¥100,000である。洗替法によって2%の貸倒れを見積もる。

(4) 売買目的有価証券の内訳は以下のとおりである。

	帳簿価額	時　価
X社株式	¥300,000	¥296,000
Y社株式	¥200,000	¥194,000

(5) 取得原価¥300,000，残存価額は取得原価の10%，耐用年数5年の備品について，定額法による減価償却を行う。ただし，計上は間接法で表示する。

(6) 当期に支払った保険料のうち次期分¥120,000を繰延べる。

(7) 未払いの当期分の利息¥5,000を見越計上する。

(8) 当期中に消耗品費として計上した¥16,000のうち¥1,000が未消費であった。また，消耗品¥16,000を計上していたが当期の消費分は¥15,000であった。

問題1

精　算　表

勘定科目	残高試算表 借方	残高試算表 貸方	整理記入 借方	整理記入 貸方	損益計算書 借方	損益計算書 貸方	貸借対照表 借方	貸借対照表 貸方
現　　　　　金	72,500							
当　座　預　金	82,000							
売　　掛　　金	100,000							
売買目的有価証券	500,000							
繰　越　商　品	108,000							
備　　　　　品	300,000							
買　　掛　　金		50,000						
支　払　手　形		22,000						
借　　入　　金		400,000						
貸　倒　引　当　金		500						
備品減価償却累計額		54,000						
資　　本　　金		500,000						
売　　　　　上		951,000						
受　取　配　当　金		2,000						
仕　　　　　入	565,000							
給　　　　　料	72,000							
保　　険　　料	24,000							
消　耗　品　費	16,000							
支　払　家　賃	120,000							
支　払　利　息	15,000							
火　災　損　失	5,000							
	1,979,500	1,979,500						
棚　卸　減　耗　損								
商　品（　　　　）								
貸　倒　引　当　金　戻　入								
貸倒引当金（　　　）								
有価証券（　　　）								
減　価　償　却　費								
（　　　）保険料								
（　　　）利息								
消　　耗　　品								
当　期（　　　　）								

問題2

損 益 計 算 書

令和×2年4月1日　至 令和×3年3月31日

Ⅰ　売上高　　　　　　　　　　　　　　　　　　　（　　　　　　　　）

Ⅱ　売上原価

　　1　期首商品棚卸高　　　（　　　　　　　）

　　2　当期仕入高　　　　　（　　　　　　　）

　　　　合計　　　　　　　　（　　　　　　　）

　　3　期末商品棚卸高　　　（　　　　　　　）

　　　　差引　　　　　　　　（　　　　　　　）

　　4　棚卸減耗損　　　　　（　　　　　　　）

　　5　商品評価損　　　　　（　　　　　　　）　（　　　　　　　　）

　　　　　売上総利益　　　　　　　　　　　　　（　　　　　　　　）

Ⅲ　販売費及び一般管理費

　　1　給料　　　　　　　　（　　　　　　　）

　　2　保険料　　　　　　　（　　　　　　　）

　　3　消耗品費　　　　　　（　　　　　　　）

　　4　支払家賃　　　　　　（　　　　　　　）

　　5　貸倒引当金繰入　　　（　　　　　　　）

　　6　減価償却費　　　　　（　　　　　　　）　（　　　　　　　　）

　　　　　営業利益　　　　　　　　　　　　　　（　　　　　　　　）

Ⅳ　営業外収益

　　　　受取配当金　　　　　　　　　　　　　　（　　　　　　　　）

Ⅴ　営業外費用

　　1　支払利息　　　　　　（　　　　　　　）

　　2　有価証券評価損　　　（　　　　　　　）　（　　　　　　　　）

　　　　　経常利益　　　　　　　　　　　　　　（　　　　　　　　）

Ⅵ　特別利益

　　　　貸倒引当金戻入　　　　　　　　　　　　（　　　　　　　　）

Ⅶ　特別損失

　　　　火災損失　　　　　　　　　　　　　　　（　　　　　　　　）

　　　　　当期純利益　　　　　　　　　　　　　（　　　　　　　　）

第13章　外貨換算会計

1. 外貨建取引

　　外貨建取引とは，取引価額が外国通貨で表示される取引のことであり，これを財務諸表に表示する場合は，外国通貨を自国通貨に換算する。自国通貨に換算する場合，換算レートには，外貨との交換を当日または翌日中に行うときに採用される直物為替相場と外貨との交換を将来の一定時点に行うときに採用される先物為替相場がある。

　　企業は，外国から商品を輸入もしくは輸出した際に，直物為替相場のレートによって，仕入や売上の金額を換算する。商品を輸入もしくは輸出する際に，前払金や前受金が発生する場合には，取引が発生した時点の直物為替相場のレートで換算した金額で前払金や前受金を計上する。

（1）前払金を支払い，商品を仕入れた場合

　　（借）仕　　　　入　×××　　　　（貸）前　払　金　×××
　　　　　（前払金と買掛金などの合計額）　　　　　　（前払金支払い時の為替相場による換算額）

　　　　　　　　　　　　　　　　　　　　　　　買掛金など　×××
　　　　　　　　　　　　　　　　　　　　　　　（外貨建ての前払金と外貨建ての輸出金額の
　　　　　　　　　　　　　　　　　　　　　　　　差額を直物為替相場によって換算）

（2）前受金を受取り，商品を売上げた場合

　　（借）前　受　金　×××　　　　（貸）売　　　　上　×××
　　　　　（前受金受取時の為替相場による換算額）　　　　（前受金と売掛金などの合計額）

　　　　売掛金など　×××
　　　　（外貨建ての前受金と外貨建ての輸入金額の
　　　　　差額を直物為替相場によって換算）

　　外貨建ての売掛金もしくは買掛金を決済する場合，現金の支払額や受領額は決済時の直物為替相場によって換算され，その金額が売掛金もしくは買掛金を計上したときの金額と異なる場合，差額を為替差損益勘定で処理する。

　　【外貨建ての買掛金を決済する場合】

　　　　（借）買　掛　金　×××　　　　（貸）現金など　×××
　　　　　　　　　　　　　　　　　　　　　　　為替差損益　×××

2. 決算時の換算

　外貨建ての資産と負債のうち貨幣項目は，決算時にその日の為替相場によって換算替えを行う。この時の換算差額は為替差損益勘定で処理する。非貨幣項目は換算替えを行わない。

　貨 幣 項 目…外国通貨，売掛金，買掛金，受取手形，支払手形など

　非貨幣項目…前払金，前受金，棚卸商品など

【決算につき外貨建ての売掛金を換算替した場合】

　（借）売　掛　金　×××　　　　（貸）為替差損益　×××

3. 為替予約

　為替予約とは，為替相場の変動リスクを回避するために，前もって決済時の為替相場を契約することである。

(1) 取引発生時に為替予約を付した場合

　（借）仕　　　入　×××　　　　（貸）買　掛　金　×××
　　　　　　　　　　　　　　　　　　　　（為替予約時の先物為替相場による換算額）

(2) 取引発生後に為替予約を付した場合

　（借）買　掛　金　×××　　　　（貸）為替差損益　×××
　　　　　　　　　　　　　　　　　　　　（為替予約時の先物為替相場で換算し，
　　　　　　　　　　　　　　　　　　　　その金額と取引発生時の換算額との差額）

　為替予約を付した場合，先物為替相場によって決済が行われるため，為替差損益は発生しない。また，為替予約を付した場合，決算における換算替えは行わない。

問題 1 **次の一連の取引に関する仕訳を示しなさい。**

(1) A 社に商品 300 ドルを輸入する契約をし，手付金として 100 ドルを現金で支払った。このときの直物為替相場は 1 ドル￥110 であった。

(2) A 社から上記（1）の商品 300 ドルを受取り，手付金と相殺し，残額を掛とした。このときの直物為替相場は，1 ドル￥108 であった。

(3) 上記（2）の買掛金について現金で支払った。このときの直物為替相場は，1 ドル￥106 であった。

(4) B 社に商品 450 ドルを輸出する契約をし，手付金として 150 ドルを現金で受取った。このときの直物為替相場は，1 ドル￥110 であった。

(5) B 社から上記（4）の商品 450 ドルを受取った旨の連絡を受け，手付金と相殺し，残額を掛とした。このときの直物為替相場は，1 ドル￥112 であった。

(6) 上記（5）の売掛金について現金で受取った。このときの直物為替相場は，1 ドル￥114 であった。

問題 2 **次の決算時に必要な換算替えの仕訳を示しなさい。なお，決算日における為替相場は，1 ドル￥107 であった。**

(1) 現金の決算整理前残高は￥800,000 であり，その内，￥162,000 は外国通貨 1,500 ドルである。

(2) 買掛金の決算整理前残高は￥600,000 であり，その内，￥212,000 は外貨建買掛金 2,000 ドルである。

(3) 前払金の決算整理前残高は￥100,000 であり，その内，￥66,000 はドル建てで商品を発注した際に支払った 600 ドルの金額である。

(4) 売掛金の決算整理前残高は￥920,000 であり，その内，￥478,400 は外貨建売掛金 4,600 ドルである。また，売掛金の期末残高に対して 2% の貸倒引当金を差額補充法で設定する。貸倒引当金の期末残高は￥16,000 である。

問題1

	借方科目	金額	貸方科目	金額
(1)				
(2)				
(3)				
(4)				
(5)				
(6)				

問題2

	借方科目	金額	貸方科目	金額
(1)				
(2)				
(3)				
(4)				

問題3 次の一連の取引に関する仕訳を示しなさい。

(1) A 社から商品 1,300 ドルを仕入れ，代金は掛とした。なお，この掛は 3 ヶ月後に決済する。取引日の為替相場は 1 ドル￥112 であり，取引と同時に 1 ドル￥114 で支払う為替予約を行った。

(2) 上記 (1) の買掛金が未決済のまま決算を迎えた。決算日の為替相場は，1 ドル￥110 である。

(3) 上記 (1) の買掛金について，現金で決済した。決済日の為替相場は，1 ドル￥113 であった。

問題4 次の一連の取引に関する仕訳を示しなさい。

(1) B 社から商品 800 ドルを仕入れ，代金は掛とした。なお，この掛は 3 ヶ月後に決済する。取引日の為替相場は 1 ドル￥105 である。

(2) 上記 (1) の買掛金について，為替予約を付した。直物為替相場は 1 ドル￥106 であり，先物為替相場は 1 ドル￥108 であった。

(3) 上記の買掛金が未決済のまま決算を迎えた。決算日の直物為替相場は，1 ドル￥103 である。

(4) 上記の買掛金について，現金で決済した。決済日の直物為替相場は，1 ドル￥107 であった。

問題 3

	借　方　科　目	金　　　額	貸　方　科　目	金　　　額
(1)				
(2)				
(3)				

問題 4

	借　方　科　目	金　　　額	貸　方　科　目	金　　　額
(1)				
(2)				
(3)				
(4)				

第14章　本支店会計

1．本支店会計の概要

　　本支店会計とは，企業が本店以外に支店を開設し事業を展開する場合，本店と各支店の外部との取引や本支店間の取引を処理し，本店と各支店のそれぞれ個別の財務諸表の作成とともに，本店と各支店を合併することで企業全体の財務諸表を作成する一連の手続きのことである。本支店会計には，支店で発生した取引を本店の帳簿に記帳する方法である本店集中会計制度と，支店が独自の帳簿を保有し，そこに支店の取引を記録する方法である支店独立会計制度がある。

　　支店独立会計制度を採用している場合，本支店間取引に関しては，本店の総勘定元帳に支店勘定，支店の総勘定元帳に本店勘定を設け，処理される。本店に設けられる支店勘定には，支店との間で生じる企業内の債権債務が記載される。支店に設けられる本店勘定には，本店との間で生じる企業内の債権債務が記載される。

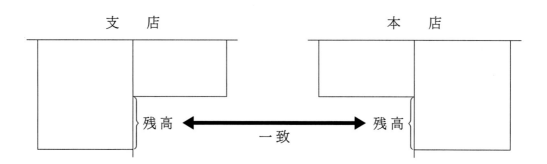

2．本支店間取引

・本店が支店へ現金を送金した場合

本　店：(借)支　　　　店	×××	(貸)現　　　　金	×××
支　店：(借)現　　　　金	×××	(貸)本　　　　店	×××

・支店が本店の買掛金を立替えた場合

本　店：(借)買　掛　金	×××	(貸)支　　　　店	×××
支　店：(借)本　　　　店	×××	(貸)現　金　な　ど	×××

・本店が支店へ商品を送付した場合

| 本　店：（借）支 | 店 | ××× | （貸）仕 | 入 | ××× |
| 支　店：（借）仕 | 入 | ××× | （貸）本 | 店 | ××× |

3.　本支店合併財務諸表

　　本支店会計では，外部報告用の財務諸表として本店と支店を合算した本支店合併財務諸表を作成する。

【合併財務諸表の作成手順】

　①本店と支店の決算前残高試算表から，それぞれの決算整理を行う。

　②本店勘定と支店勘定の相殺消去を行う（内部取引の相殺）。

　③本店と支店における各勘定を合算する。

4.　本支店会計における帳簿の締切り

　　本支店会計の帳簿の締切りには，本店に総合損益勘定を設定する場合と設定しない場合の2種類がある。

【総合損益勘定を設定する場合】

　①本店の当期純利益の振替

| 本　店：（借）損 | 益 | ××× | （貸）総 合 損 益 | ××× |

　②支店の当期純利益の振替

| 本　店：（借）支 | 店 | ××× | （貸）総 合 損 益 | ××× |
| 支　店：（借）損 | 益 | ××× | （貸）本 | 店 | ××× |

　③法人税等の計上

| 本　店：（借）総 合 損 益 | ××× | （貸）法人税, 住民税及び事業税 | ××× |

　④資本振替

| 本　店：（借）総 合 損 益 | ××× | （貸）繰越利益剰余金 | ××× |

【総合損益勘定を設定しない場合】

　①支店の当期純利益の振替

| 本　店：（借）支 | 店 | ××× | （貸）損 | 益 | ××× |
| 支　店：（借）損 | 益 | ××× | （貸）本 | 店 | ××× |

　②法人税等の計上

| 本　店：（借）損 | 益 | ××× | （貸）法人税, 住民税及び事業税 | ××× |

　③資本振替

| 本　店：（借）損 | 益 | ××× | （貸）繰越利益剰余金 | ××× |

問題 1 次の取引について，本店と支店の仕訳を示しなさい。

(1) 本店は支店に現金￥50,000を送金し，支店はこれを受取った。

(2) 本店は支店に対し，商品￥30,000（原価）を送付し，支店はこれを受取った。

(3) 支店は本店の買掛金￥25,000に対して小切手を振出して支払い，本店へ通知した。

(4) 支店は本店の売掛金￥45,000を現金で受取り，本店へ通知した。

(5) 本店は支店の営業費￥5,000を現金で支払い，支店へ通知した。

問題1

本　店

	借　方　科　目	金　　　額	貸　方　科　目	金　　　額
(1)				
(2)				
(3)				
(4)				
(5)				

支　店

	借　方　科　目	金　　　額	貸　方　科　目	金　　　額
(1)				
(2)				
(3)				
(4)				
(5)				

次の資料にもとづいて，本支店合併損益計算書と本支店合併貸借対照表を作成しなさい。

残高試算表

借　　　方	本　店	支　店	貸　　　方	本　店	支　店
現 金 預 金	250,000	150,000	買　　掛　　金	200,000	190,000
売　　掛　　金	350,000	150,000	貸 倒 引 当 金	8,000	3,000
繰 越 商 品	360,000	130,000	備品減価償却累計額	80,000	75,000
支　　　　　店	127,000	－	本　　　　　店	－	127,000
備　　　　　品	600,000	250,000	資　　本　　金	1,000,000	－
仕　　　　　入	790,000	555,000	利 益 準 備 金	50,000	－
営　　業　　費	100,000	60,000	繰 越 利 益 剰 余 金	39,000	－
			売　　　　　上	1,200,000	900,000
	2,577,000	1,295,000		2,577,000	1,295,000

決算整理事項

①期末商品棚卸高

　　本店：¥380,000　　　　支店：¥150,000

②備品について，定率法による減価償却を行う。償却率は20％とする。

③売掛金の期末残高に対し，3％の貸倒引当金を設定する（差額補充法）。

④営業費の見越し

　　本店：¥9,000　　　　支店：¥3,000

次の決算整理後における本店の損益勘定と支店の損益勘定にもとづき，（1）から（3）の仕訳を示しなさい。ただし，本店には，総合損益勘定は設定されていない。

本店の損益勘定

損　　　益

仕　　　　　入	800,000	売　　　　　上	1,400,000
販　売　費	150,000	受取手数料	20,000
支 払 利 息	15,000		

支店の損益勘定

損　　　益

仕　　　　　入	420,000	売　　　　　上	700,000
販　売　費	30,000		

（1）　支店における当期純利益の本店への振替仕訳を示しなさい。

（2）　本店における支店当期純利益の振替仕訳を示しなさい。

（3）　本店における資本振替仕訳を示しなさい。

問題2

損益計算書

費　　　用	金　　額	収　　　益	金　　額
売　上　原　価	（　　　　　）	売　　上　　高	（　　　　　）
営　　業　　費	（　　　　　）		
貸倒引当金繰入	（　　　　　）		
減　価　償　却　費	（　　　　　）		
当期純（　　　）	（　　　　　）		

貸借対照表

資　　　産	金　　額	負債・純資産	金　　額
現　金　預　金	（　　　　　）	買　　掛　　金	（　　　　　）
売　　掛　　金	（　　　）	未　払　営　業　費	（　　　　　）
貸　倒　引　当　金	（　　　）（　　　）	資　　本　　金	（　　　　　）
商　　　　　品	（　　　　　）	利　益　準　備　金	（　　　　　）
備　　　　　品	（　　　）	繰越利益準備金	（　　　　　）
備品減価償却累計額	（　　　）（　　　）		
	（　　　　　）		（　　　　　）

問題3

	借　方　科　目	金　　　額	貸　方　科　目	金　　　額
(1)				
(2)				
(3)				

第15章　連結会計

《ポイント整理》

1. 親会社と子会社

　ある企業が他の企業の意思決定機関を実質的に支配している場合，支配している会社を親会社といい，支配されている会社を子会社という。このように支配従属関係にある2つ以上の企業から構成される企業集団の経営成績や財政状態を報告するため，親会社が作成する財務諸表を連結財務諸表という。

2. 連結の範囲

　親会社は原則として，すべての子会社を連結の範囲としなければならない。子会社の範囲は，実質的な支配（他の企業の議決権の50%超を所有しているなど）という支配力基準によって決定する。

3. 連結財務諸表の種類

　連結財務諸表には，連結損益計算書，連結貸借対照表，連結株主資本等変動計算書がある。

4. 支配獲得日の連結

　支配獲得日の連結は以下の手順で行う。

　　①親会社と子会社の貸借対照表を合算する。

　　②親会社が所有する子会社の株式（投資）と子会社の純資産を相殺消去する。これを資本連結という。親会社が子会社を部分所有している場合は，親会社が所有する子会社株式と子会社の純資産のうち親会社所有割合分（たとえば60%）を相殺する。親会社以外の株主の持分（たとえば40%）は，非支配株主持分に振替える。

　　　また，親会社の投資の金額と子会社の純資産のうち親会社に帰属する部分の金額が異なる場合，投資消去差額が生じる。投資消去差額が借方に生じた場合は，のれんで処理する。

　　③連結貸借対照表を作成する。

5. 支配獲得日後1年目の連結

　子会社の支配獲得日には連結貸借対照表だけを作成するが，支配獲得日後は，連結損益計算書，連結貸借対照表，連結株主資本等変動計算書を作成する。

　この時，当期の連結財務諸表を作成するにあたって，再度，連結修正仕訳を行う必要がある。前期までに行った連結修正仕訳を開始仕訳といい，これを行ったあとに当期の連結修正仕

訳を行う。

当期の連結修正仕訳は，以下の手順で行う。

①投資と資本の相殺消去によって生じたのれんがある場合，原則として20年以内に定額償却する。

②連結財務諸表を作成する場合，子会社の当期純利益のうち非支配株主に帰属する部分は，非支配株主持分に振替える。なお，仕訳上は非支配株主持分変動額として処理する。相手勘定は非支配株主に帰属する当期純損益となる。

③子会社の親会社に対する配当を相殺消去する。純資産の項目は，連結株主資本等変動計算書の科目で処理するため，配当金の支払額は剰余金の配当で処理する。子会社が被支配株主に支払った配当金は，被支配株主持分の減少として処理する。

6. 支配獲得後2年目の連結

当期の連結財務諸表を作成するにあたって，前期末までに行った連結修正仕訳を再度行う。このうち，純資産の項目は○○当期首残高で処理し，のれんの償却など利益に影響を与える項目は，利益剰余金当期首残高で処理する。

支配獲得後2年目の連結は以下の手順で行う。

①支配獲得日の状況を記入する。

②支配獲得日の非支配株主持分を計算する。

③支配獲得日ののれんを計算する。

④前期末の状況を記入する。

⑤利益剰余金の増減額のうち非支配株主持分を計算する。

⑥開始仕訳を作る。

7. 内部取引高と債権債務の相殺消去

連結財務諸表の作成にあたって，親子会社間で行われた取引を相殺消去する。また，親子会社間の債権債務の期末残高も相殺消去する。

①内部取引高の相殺消去

売　上　高←→売　上　原　価

受　取　利　息←→支　払　利　息

受取配当金←→配　当　金

②債権債務の相殺消去

買　掛　金←→売　掛　金

支　払　手　形←→受　取　手　形

借　入　金←→貸　付　金

未　払　費　用←→未　収　収　益

前　払　収　益←→前　払　費　用

8．親会社の期末貸倒引当金の修正

　　親会社の売掛金と子会社の買掛金の相殺消去を行った場合，減額した親会社の売掛金に対する貸倒引当金を修正する。連結修正仕訳では債権債務の相殺消去を行い，貸倒引当金の修正は借方　貸倒引当金，貸方　貸倒引当金繰入で処理する。

9．子会社の期末貸倒引当金の修正

　　子会社の売掛金と親会社の買掛金の相殺消去を行った場合，減額した子会社の売掛金に対する貸倒引当金を修正する。連結修正仕訳は，親会社の処理に準じて行うが，非支配株主に負担させる分の按分計算が必要である。

10．手形取引

　　親会社が子会社から受け取った受取手形を割り引いた場合，受取手形の金額を銀行などの借入金で処理する。連結貸借対照表では，1年基準により，短期借入金もしくは長期借入金で計上する。

11．未実現利益の消去─期末商品（ダウンストリーム）─

　　親子会社間で商品の売買取引があった場合，連結会計上は1つのグループとして財務諸表を作成するため，期末商品棚卸高に親会社あるいは子会社が加算した利益が含まれる場合は，これを消去する。この利益を未実現利益という。また，未実現利益を消去したときは，同時に売上原価の修正を行う。親会社が子会社に商品もしくはその他の資産を販売することをダウンストリームという。

12．未実現利益の消去─期末商品（アップストリーム）─

　　子会社が親会社に商品もしくはその他の資産を販売することをアップストリームという。アップストリームの場合も，親会社の期末商品棚卸高に含まれる未実現利益を全額消去する。

　　ただし，子会社が加算した利益のうち親会社に帰属するのは，親会社の持分に相当する部分だけなので，消去した未実現利益のうち，非支配株主の持分に相当する部分については，非支配株主に帰属する当期損益で処理し，相手科目は，非支配株主持分当期変動額となる。

13．非償却性固定資産に関わる未実現利益の消去

　　非償却性固定資産とは，土地などのように減価償却をしない固定資産のことである。ダウンストリームの場合，親会社の固定資産売却益と子会社の非償却性固定資産を相殺消去する。アップストリームの場合，子会社が加算した利益を未実現利益として全額消去すると同時に，非支配株主にも持分相当額を負担させる。

MEMO

問題1 P社はS社の発行済株式の60%を取得している。以下の取引について当期の連結財務諸表を作成するための連結修正仕訳をしなさい。

(1) S社の期末商品のうち，¥60,000はP社から仕入れたものである。P社は当期より30％の利益率でS社に販売している。

(2) P社の期末商品のうち，¥48,000はS社から仕入れたものである。S社は当期より原価に20％の利益を付加して販売している。

問題2 P社はS社の発行済株式の60%を取得している。以下の取引について当期の連結財務諸表を作成するための連結修正仕訳をしなさい。

(1) 当期において，P社は土地（取得原価：¥160,000）を¥180,000でS社に売却した。S社はこの土地を現在保有している。

(2) 当期において，S社は土地（取得原価：¥120,000）を¥160,000でP社に売却した。P社はこの土地を現在保有している。

問題1

	借 方 科 目	金　　額	貸 方 科 目	金　　額
(1)				
(2)				

問題2

	借 方 科 目	金　　額	貸 方 科 目	金　　額
(1)				
(2)				

問題3 親会社は子会社の発行済株式の60%を所有している。親会社と子会社の財務諸表から支配獲得日の連結貸借対照表と支配獲得1年後の連結損益計算書を作成しなさい。

親会社 B/S (万円)

子会社売掛金	800	諸負債	4,000
子会社株式	1,200	資本金	3,600
諸資産	8,000	剰余金	2,400
	10,000		10,000

子会社 B/S (万円)

諸資産	4,000	親会社買掛金	800
		諸負債	1,400
		資本金と剰余金	1,800
	4,000		4,000

親会社 P/L (万円)

売上高		1,440
売上原価		
期首期末棚卸高	0	
当期仕入高	1,500	
期末棚卸高	300	1,200
当期純利益		240

子会社 P/L (万円)

売上高		1,750
売上原価		
期首期末棚卸高	0	
当期仕入高	1,440	
期末棚卸高	180	1,260
当期純利益		490

(1) 子会社貸借対照表に記載されている資本金と剰余金の内訳は，親会社持分￥1,080，非支配株主持分￥720である。

(2) 親会社，子会社とも当期在庫はない。

(3) 親会社は商品を@150万円で10個仕入れ，子会社に@180万円で8個販売している。

(4) 子会社は商品を親会社から仕入れ，@250万円で7個，他企業に販売した。

(5) のれんは20年で償却する。

連　結 B/S　　　　　（万円）

諸資産	（　　）	諸負債	（　　）
のれん	（　　）	非支配株主持分	（　　）
		資本金	（　　）
		剰余金	（　　）
	（　　）		（　　）

連　結 P/L　　　　　（万円）

売上高		（　　）
売上原価		
期首商品棚卸高	（　　）	
当期仕入高	（　　）	
期末商品棚卸高	（　　）	（　　）
売上総利益		（　　）
非支配株主利益		（　　）
のれん償却		（　　）
当期純利益		（　　）

第1章　株式会社会計

問題1

	借 方 科 目	金 額	貸 方 科 目	金 額
(1)	当 座 預 金	15,000,000	資 本 金	15,000,000
(2)	当 座 預 金	15,000,000	資 本 金	7,500,000
			株式払込剰余金	7,500,000

〔解説〕

(1)　2,000株÷4＝500株　　@¥30,000×500株＝¥15,000,000

(2)　¥30,000÷2＝¥15,000　¥15,000×500株＝¥7,500,000

株式払込剰余金は，資本準備金勘定で処理しても良い。

問題2

	借 方 科 目	金 額	貸 方 科 目	金 額
(1)	別 段 預 金	75,000,000	新株式申込証拠金	75,000,000
(2)	新株式申込証拠金	75,000,000	資 本 金	37,500,000
			株式払込剰余金	37,500,000
	当 座 預 金	75,000,000	別 段 預 金	75,000,000

〔解説〕

(2)　株式払込剰余金は，資本準備金勘定で処理しても良い。

問題3

	借 方 科 目	金 額	貸 方 科 目	金 額
(1)	当 座 預 金	25,000,000	資 本 金	12,500,000
			株式払込剰余金	12,500,000
	株 式 交 付 費	120,000	現 金	120,000
(2)	株式交付費償却	40,000	株 式 交 付 費	40,000

〔解説〕

(1)　株式払込剰余金は，資本準備金勘定で処理しても良い。

(2)　株式交付費は3年間の定額法償却なので，¥120,000÷3＝¥40,000

問題1

	借　方　科　目	金　　額	貸　方　科　目	金　　額
(1)	損　　　益	2,000,000	繰越利益剰余金	2,000,000
(2)	繰越利益剰余金	1,660,000	利　益　準　備　金	100,000
			未　払　配　当　金	1,000,000
			配当平均積立金	200,000
			別　途　積　立　金	360,000
(3)	未　払　配　当　金	1,000,000	当　座　預　金	1,000,000

〔解説〕
(2)　利益準備金の積立額は，配当金の 10% である。
　　　¥1,000,000 × 10% = ¥100,000

問題2

	借　方　科　目	金　　額	貸　方　科　目	金　　額
(1)	繰越利益剰余金	500,000	損　　　益	500,000
(2)	別　途　積　立　金	300,000	繰越利益剰余金	300,000

問題3

合併仕訳

借　方　科　目	金　　額	貸　方　科　目	金　　額
現　金　預　金	3,500,000	買　　掛　　金	3,800,000
売　　掛　　金	6,000,000	資　　本　　金	12,000,000
商　　　　品	4,000,000	負 の の れ ん	5,700,000
建　　　　物	8,000,000		

貸　借　対　照　表

中村工業（株）　　　　　　令和××年××月××日　　　　　　　　（単位：円）

資　　　産	金　　額	負債および純資産	金　　額
現　金　預　金	10,500,000	買　　掛　　金	8,000,000
売　　掛　　金	12,800,000	借　　入　　金	20,000,000
商　　　　品	9,500,000	資　　本　　金	52,000,000
建　　　　物	28,000,000	資　本　準　備　金	5,700,000
土　　　　地	30,000,000	利　益　準　備　金	3,600,000
		繰越利益剰余金	1,500,000
	90,800,000		90,800,000

〔解説〕
　負ののれんは，貸借対照表での資本準備金となる。

問題1

	借　方　科　目	金　　額	貸　方　科　目	金　　額
(1)	仮 払 法 人 税 等	1,000,000	現　　　　　金	1,000,000
(2)	法人税, 住民税及び事業税	1,800,000	仮 払 法 人 税 等	1,000,000
			未 払 法 人 税 等	800,000
(3)	未 払 法 人 税 等	800,000	当 座 預 金	800,000
(4)	追 徴 法 人 税 等	150,000	現　　　　　金	150,000

〔解説〕
(1) 中間納付時は，仮払法人税等勘定で処理する。
(2) 仮払法人税等を相殺処理し，加えて未納分を未払法人税等勘定で処理する。
(3) 確定申告を行い，未払分を納付したときは，未払法人税等勘定の借方に記入する。
(4) 法人税等の追徴を求められたときは，追徴法人税等勘定の借方に記入する。

問題2

当 期 の 未 払 法 人 税 等 の 金 額	880,000 円

〔解説〕
課税所得＝税引前当期純利益－益金不算入額＋損金不算入額＋益金算入額－損金算入額
＝￥2,000,000 － ￥100,000 ＋ ￥250,000 ＋ ￥200,000 － ￥150,000
＝￥2,200,000
未払法人税等の金額＝￥2,200,000 × 40% ＝￥880,000

問題3

	借　方　科　目	金　　額	貸　方　科　目	金　　額
(1)	仕　　　　　入	88,000	現　　　　　金	88,000
(2)	現　　　　　金	110,000	売　　　　　上	110,000
(3)	租 税 公 課	2,000	未 払 消 費 税	2,000
(4)	未 払 消 費 税	2,000	当 座 預 金	2,000

〔解説〕
(1) 本問は税込方式のため，仕入額に消費税を含める。
消費税額＝￥80,000 × 10% ＝ ￥8,000
(2) 本問は税込方式のため，売上高に消費税を含める。
消費税額＝￥100,000 × 10% ＝ ￥10,000
(3) 本問においては，税込方式かつ仮払消費税＜仮受消費税であるため，租税公課勘定を用いて処理する。
消費税納付額＝￥10,000 － ￥8,000 ＝ ￥2,000
(4) 納付時の仕訳は，税込方式・税抜方式ともに未払消費税勘定を用いて処理する。

	借 方 科 目	金 額	貸 方 科 目	金 額
(1)	仕　　　　入 仮 払 消 費 税	80,000 8,000	現　　　　金	88,000
(2)	現　　　　金	110,000	売　　　　上 仮 受 消 費 税	100,000 10,000
(3)	仮 受 消 費 税	10,000	仮 払 消 費 税 未 払 消 費 税	8,000 2,000
(4)	未 払 消 費 税	2,000	当 座 預 金	2,000

〔解説〕

(1) 本問は税抜方式のため，仕入額に消費税を含めず，仮払消費税を用いて処理する。

(2) 本問は税抜方式のため，売上高に消費税を含めず，仮受消費税勘定を用いて処理する。

(3) 本問においては，税抜方式かつ仮払消費税＜仮受消費税であるため，仮受消費税と仮払消費税を相殺し，差額を未払消費税勘定で処理する。

　　消費税納付額＝¥10,000 － ¥8,000 ＝ ¥2,000

問題5

	借 方 科 目	金 額	貸 方 科 目	金 額
(1)	繰 延 税 金 資 産	200,000	法 人 税 等 調 整 額	200,000
(2)	法 人 税 等 調 整 額	20,000	繰 延 税 金 資 産	20,000

〔解説〕

(1) 法人税等調整額＝損金不算入額×税率＝¥500,000 × 40% ＝ ¥200,000

(2) 取崩された貸倒引当金については，差異が解消されたため，発生時の逆仕訳にて処理する。

　　貸倒引当金の調整額＝¥50,000 × 40% ＝ ¥20,000

問題6

	借 方 科 目	金 額	貸 方 科 目	金 額
(1)	そ の 他 有 価 証 券	100,000	繰 延 税 金 負 債 その他有価証券評価差額金	40,000 60,000
(2)	繰 延 税 金 負 債 その他有価証券評価差額金	40,000 60,000	そ の 他 有 価 証 券	100,000

〔解説〕

(1) 本問（その他有価証券の税効果会計の仕訳）においては，法人税等調整額が計上されず，評価差額に税率を乗じた金額をその他有価証券評価差額金から直接控除し，繰延税金負債を計上する点に注意が必要である。

問題1

		借　方　科　目	金　　額	貸　方　科　目	金　　額
(1)		商　　　　　品	300,000	買　　掛　　金	300,000
(2)		売　　掛　　金	400,000	売　　　　　上	400,000
		売　上　原　価	300,000	商　　　　　品	300,000
(3)	北㈱	買　　掛　　金	300,000	当　座　預　金	291,000
				仕　入　割　引	9,000
	南㈱	現　　　　　金	291,000	売　　掛　　金	300,000
		売　上　割　引	9,000		
(4)	東㈱	買　　掛　　金	500,000	仕　　　　　入	10,000
				当　座　預　金	490,000
	西㈱	売　　　　　上	10,000	売　　掛　　金	500,000
		現　　　　　金	490,000		

〔解説〕

(2) 商品勘定は原価の金額で表示する。

(3) 仕入割引・売上割引　￥300,000 × 0.03 ＝￥9,000

(4) 仕入割戻・売上割戻　￥500,000 × 0.02 ＝￥10,000

　　仕入を貸方に，売上を借方に表示することで，仕入と売上を減少させる。

問題2

	借　方　科　目	金　　額	貸　方　科　目	金　　額
(1)	クレジット売掛金	388,000	売　　　　　　　上	400,000
	支　払　手　数　料	12,000		
(2)	当　座　預　金	388,000	クレジット売掛金	388,000
(3)	当　座　預　金	1,128,000	クレジット売掛金	1,128,000

〔解説〕

(1) 支払手数料　￥400,000 × 0.03 ＝￥12,000

(3) （借）クレジット売掛金　1,128,000　　　　（貸）売　　　　上　1,200,000

　　　　　支払手数料　　　　　　72,000

　　支払手数料　￥1,200,000 × 0.06 ＝￥72,000

問題3

	借 方 科 目	金　額	貸 方 科 目	金　額
(1)	仕　　入	500,000	繰 越 商 品	500,000
(2)	繰 越 商 品	78,000	仕　　入	78,000
(3)	棚 卸 減 耗 損	13,000	繰 越 商 品	13,000
(4)	商 品 評 価 損	10,000	繰 越 商 品	10,000
(5)	仕　　入	10,000	商 品 評 価 損	10,000
(6)	売　　上	3,800,000	損　　益	3,800,000
(7)	損　　益	2,945,000	仕　　入 棚 卸 減 耗 損	2,932,000 13,000

〔解説〕

棚卸減耗費　50 個× @¥260 ＝ ¥13,000

商品評価損　250 個× @¥40　 ＝ ¥10,000

帳簿棚卸高　300 個× @¥260 ＝ ¥78,000

売上原価　¥500,000 ＋ ¥2,500,000 － ¥78,000 ＋ ¥10,000 ＝ ¥2,932,000

問題4

	借 方 科 目	金　額	貸 方 科 目	金　額
(1)	現　　金	500,000	前 受 金	500,000
(2)	仕 掛 品	260,000	給　　料	260,000
(3)	前 受 金 役 務 原 価	250,000 130,000	役 務 収 益 仕 掛 品	250,000 130,000
(4)	前 受 金 役 務 原 価	250,000 130,000	役 務 収 益 仕 掛 品	250,000 130,000

〔解説〕

(3)　決算時は，進捗状況（2 分の 1）に合わせ，前受金を役務収益へ，仕掛品を役務原価へ振替える。

(4)　すべてのサービスの提供が終了した時は，残りの前受金を役務収益へ，残りの仕掛品を役務原価へ振替える。

問題 1

	借　方　科　目	金　額	貸　方　科　目	金　額
(1)	仕　　　　　入	120,000	受　取　手　形	120,000
(2)	受　取　手　形	200,000	売　　　　　上	200,000
(3)	当　座　預　金 手　形　売　却　損	280,000 20,000	受　取　手　形	300,000
(4)	不　渡　手　形	110,000	受　取　手　形 現　　　　　金	100,000 10,000
(5)	現　　　　　金	111,000	不　渡　手　形 受　取　利　息	110,000 1,000
(6)	不　渡　手　形	304,000	当　座　預　金	304,000
(7)	貸　倒　引　当　金 貸　倒　損　失	300,000 4,000	不　渡　手　形	304,000

〔解説〕

(3)　当座預金口座の入金額＝受取手形額面－割引料

　　　　　　　＝￥300,000－￥20,000＝￥280,000

(4)　不渡手形の金額には償還請求にかかわる諸費用の金額も含める。

(6)　遅延利息は不渡手形金額に含まれる。

(7)　貸倒引当金残高を超える回収不能額（￥4,000）は貸倒損失とする。

問題 2

	借　方　科　目	金　額	貸　方　科　目	金　額
(1)	支　払　手　形 支　払　利　息	400,000 5,000	支　払　手　形 現　　　　　金	400,000 5,000
(2)	受　取　手　形	508,000	受　取　手　形 受　取　利　息	500,000 8,000

〔解説〕

(1)　期日延長に伴う利息は現金にて支払っているため，新手形の金額には含めない。

(2)　新手形は利息を含めた金額で振出されている点に注意する。

問題3

	借 方 科 目	金 額	貸 方 科 目	金 額
(1)	備　　品	1,015,000	営業外支払手形	1,000,000
			現　　金	15,000
(2)	営業外支払手形	1,000,000	当 座 預 金	1,000,000
(3)	営業外受取手形	10,000,000	土　　地	9,000,000
			固定資産売却益	1,000,000
(4)	当 座 預 金	10,000,000	営業外受取手形	10,000,000

〔解説〕

(1) 商品以外の物品等を購入し，約束手形を振出した場合は，営業外支払手形勘定で処理する。

(3) 商品以外の物品等を売却し，その代金として手形を取得した場合は，営業外受取手形勘定で処理する。

問題4

		借 方 科 目	金 額	貸 方 科 目	金 額
(1)	J社	買 掛 金	600,000	電 子 記 録 債 務	600,000
	K社	電 子 記 録 債 権	600,000	売 掛 金	600,000
(2)	J社	電 子 記 録 債 務	600,000	当 座 預 金	600,000
	K社	当 座 預 金	600,000	電 子 記 録 債 権	600,000
(3)		買 掛 金	700,000	電 子 記 録 債 権	700,000
(4)		当 座 預 金	770,000	電 子 記 録 債 権	800,000
		電子記録債権売却損	30,000		

〔解説〕

(1) J社は買掛金について電子記録債務の発生記録を行っており，その買掛金の金額を電子記録債務勘定へ振替える。一方，K社は売掛金について電子記録債権の発生記録通知を受けており，その売掛金の金額を電子記録債権勘定へ振替える。

(2) 電子記録債権（債務）が決済されたときには，その消滅記録を行い，電子記録債権（債務）勘定を減額する。

(4) 割引料は電子記録債権売却損として処理する。

問題1

	借　方　科　目	金　　額	貸　方　科　目	金　　額
(1)	当　座　預　金	200,000	売　　掛　　金	200,000
(2)	買　　掛　　金	20,000	当　座　預　金	20,000
(3)	当　座　預　金	50,000	買　　掛　　金	50,000
(4)	仕　訳　な　し			
(5)	仕　訳　な　し			

〔解説〕
(1) 連絡未通知に対する修正仕訳である。
(2) 誤記入に対する修正仕訳である。
(3) 未渡小切手に対する修正仕訳である。

問題2

銀行勘定調整表

××年12月31日

（単位：円）

当座預金勘定残高		7,355,000	銀行残高証明書残高		7,275,000
（加　算）			（加　算）		
〔　(1)　〕	（　200,000）		〔　(5)　〕		（　485,000）
〔　(3)　〕	（　　50,000）	（　250,000）	（減　算）		
（減　算）			〔　(4)　〕		（　175,000）
〔　(2)　〕		（　　20,000）			
		（ 7,585,000）			（ 7,585,000）

〔解説〕
(1) 売掛金の回収額￥200,000についての入金連絡未通知であるため，企業側の残高に加算する。
(2) 買掛金の支払に関する誤記入（過少記帳）であるため，実際には，企業が記帳した額より￥20,000多く支払っており，企業側の残高から減算する。
(3) O社に対して振出した小切手が未渡しであるため，企業側の残高に加算する。
(4) 未取付小切手は銀行側の残高から減算する。
(5) 時間外預入は銀行側の残高に加算する。

銀行勘定調整表
×× 年 12 月 31 日　　　　（単位：円）

当座預金勘定残高　　　　　　　　　　　　7,355,000

（加　算）
〔　（1）　〕　　　　　（　200,000）
〔　（3）　〕　　　　　（　 50,000）
〔　（4）　〕　　　　　（　175,000）　（　425,000）
（減　算）
〔　（2）　〕　　　　　（　 20,000）
〔　（5）　〕　　　　　（　485,000）　（　505,000）
銀行残高証明書残高　　　　　　　　　　（ 7,275,000）

〔解説〕
　　企業残高基準法では，企業残高・銀行残高区分調整法における，銀行の残高証明書残高に対する調整項目の加算・減算を逆にして調整する。

問題 4

銀行勘定調整表
×× 年 12 月 31 日
（単位：円）

銀行残高証明書残高　　　　　　　　　　　7,275,000

（加　算）
〔　（2）　〕　　　　　（　 20,000）
〔　（5）　〕　　　　　（　485,000）　（　505,000）
（減　算）
〔　（1）　〕　　　　　（　200,000）
〔　（3）　〕　　　　　（　 50,000）
〔　（4）　〕　　　　　（　175,000）　（　425,000）
当座預金勘定残高　　　　　　　　　　　（ 7,355,000）

〔解説〕
　　銀行残高基準法では，企業残高・銀行残高区分調整法における，企業の当座預金残高に対する調整項目の加算・減算を逆にして調整する。

問題 1

	借　方　科　目	金　　　額	貸　方　科　目	金　　　額
(1)	車 輌 運 搬 具 前 払 利 息	1,000,000 100,000	営 業 外 支 払 手 形	1,100,000
(2)	営 業 外 支 払 手 形	110,000	当 座 預 金	110,000
(3)	支 払 利 息	50,000	前 払 利 息	50,000

〔解説〕

(1) 約束手形を振出した場合，仕入れ以外の取引の時は営業外支払手形で処理する。利息相当分については資産勘定で処理するように問題文で指示があるため，前払利息勘定を用いる。

(3) 購入時に前払利息勘定で処理したので，決算時には当期に経過した 5 ヶ月分を支払利息勘定に振替える。

$$¥100,000 \times \frac{5}{10} = ¥50,000$$

問題 2

	計　算　過　程	金　　　額
(1)	$¥12,000 \times \dfrac{4}{12} = ¥4,000$	¥4,000
(2)	$¥131,400 \times \dfrac{125}{365} = ¥45,000$	¥45,000

〔解説〕

(1) 月割計算で行う。

(2) 日割計算で行う。

問題 3

	借　方　科　目	金　　　額	貸　方　科　目	金　　　額
(1)	減 価 償 却 費	70,000	備　　　　　品	70,000
(2)	減 価 償 却 費	640,000	備品減価償却累計額	640,000
(3)	減 価 償 却 費	972,000	車輌運搬具減価償却累計額	972,000

〔解説〕

(1) 6 月に取得したので，当期の経過期間は 7 ヶ月である。

$$(¥2,000,000 - ¥200,000) \div 15 \times \frac{7}{12} = ¥70,000$$

(2) $(¥5,000,000 - ¥1,800,000) \times 20\% = ¥640,000$

(3) $(¥5,400,000 - ¥540,000) \times \dfrac{\text{当期走行距離 40,000km}}{\text{総見積走行可能距離 200,000km}} = ¥972,000$

	借　方　科　目	金　　額	貸　方　科　目	金　　額
(1)	現　　　　　金	150,000	備　　　　品	300,000
	備品減価償却累計額	101,250		
	減　価　償　却　費	33,750		
	固　定　資　産　売　却　損	15,000		
(2)	当　座　預　金	800,000	建　　　　物	1,000,000
	建物減価償却累計額	240,000	固　定　資　産　売　却　益	75,000
	減　価　償　却　費	35,000		
(3)	車輌運搬具減価償却累計額	180,000	車　輌　運　搬　具	500,000
	車　輌　運　搬　具	600,000	当　座　預　金	350,000
	固　定　資　産　売　却　損	70,000		
(4)	備品減価償却累計額	480,000	備　　　　品	600,000
	貯　　蔵　　品	80,000		
	固　定　資　産　除　去　損	40,000		

〔解説〕

(1) 当期経過期間9ヶ月分の減価償却費を計上する。

$$（¥300,000 － ¥30,000）÷ 6 × \frac{9}{12} = ¥33,750$$

売却価格と減価償却累計額，減価償却費の借方合計と売却した備品の貸方合計の差額から固定資産売却損 ¥15,000 を借方に計上する。

(2) 当期経過期間7ヶ月分の減価償却費を計上する。

$$（¥1,000,000 － ¥100,000）÷ 15 × \frac{7}{12} = ¥35,000$$

売却価格と減価償却累計額，減価償却費の借方合計と売却した備品の貸方合計の差額から固定資産売却益 ¥75,000 を借方に計上する。

(3) 旧車輌を¥250,000で売却し，新車を¥600,000で取得したと考える。

（借）車　輌　運　搬　具減価償却累計額　180,000　　（貸）車　輌　運　搬　具　500,000
　　　当　座　預　金　　　　　　　　250,000
　　　固　定　資　産　売　却　損　　　70,000
（借）車　輌　運　搬　具　　　　　　600,000　　（貸）当　座　預　金　600,000

(4) 備品は処分価値で貯蔵品勘定に振替える。

	借　方　科　目	金　　額	貸　方　科　目	金　　額
(1)	建　設　仮　勘　定	1,000,000	当　座　預　金	1,000,000
(2)	建　　　　　物	5,000,000	建　設　仮　勘　定	5,000,000

〔解説〕

(1) 完成，引渡しを受けるまでの工事代金の支払いは建設仮勘定で処理する。

(2) 完成，引渡しを受けて，建設仮勘定から適切な勘定に振替える。

	借　方　科　目	金　　額	貸　方　科　目	金　　額
(1)	備　　　　品	120,000	現　　　　金	120,000
(2)	修　　繕　費	18,000	現　　　　金	18,000

〔解説〕

(1) 資本的支出は固定資産勘定を増加させる。

(2) 収益的支出は修繕費を計上させ，費用とする。

問題 7

	借　方　科　目	金　　額	貸　方　科　目	金　　額
(1)	建物減価償却累計額 未　　決　　算	780,000 420,000	建　　　　　物	1,200,000
(2)	未　収　入　金 火　災　損　失	400,000 20,000	未　　決　　算	420,000

〔解説〕

(1) 建物の帳簿価格¥420,000（¥1,200,000 －¥780,000）は，この時点では損失になるか確定していないため，未決算勘定で一時的に処理する。

(2) 保険金が確定したので，未決算勘定を振替える。未決算勘定よりも保険金の額が少なかったので差額は火災損失勘定で処理する。

問題 8

	借　方　科　目	金　　額	貸　方　科　目	金　　額
(1)	当　座　預　金	300,000	国庫補助金受贈益	300,000
(2)	建　　　　　物	2,300,000	当　座　預　金	2,300,000
(3)	固定資産圧縮損	300,000	建　　　　　物	300,000
(4)	減　価　償　却　費	400,000	建物減価償却累計額	400,000

〔解説〕

(3) 国庫補助金等の金額を，固定資産圧縮損勘定を用いて建物から直接減額する。

(4) 減価償却費の金額は，建物取得原価から国庫補助金相当額を控除した価額を耐用年数で割って計算する。

問題1

		借　方　科　目	金　　額	貸　方　科　目	金　　額
(1)	①	リ ー ス 資 産	4,000,000	リ ー ス 債 務	4,000,000
	②	リ ー ス 資 産	3,940,000	リ ー ス 債 務	3,940,000
(2)	①	リ ー ス 債 務	400,000	当 座 預 金	400,000
	②	リ ー ス 債 務 支 払 利 息	394,000 6,000	当 座 預 金	400,000
(3)	①	減 価 償 却 費	600,000	リース資産減価償却累計額	600,000
	②	減 価 償 却 費 支 払 利 息	591,000 3,000	リース資産減価償却累計額 未 払 利 息	591,000 3,000

〔解説〕

(1)　①リース料総額でリース資産とリース債務を計上する。

　　　　リース料総額：¥800,000 × 5 年＝¥4,000,000

　　　②見積現金購入価額でリース資産とリース債務を計上する。

(2)　①リース債務の減額として処理する。

　　　②利息相当額：リース料総額¥4,000,000 －見積現金購入価額¥3,940,000 ＝¥60,000

　　　　リース債務の支払いは¥3,940,000 ÷ 5 年× $\dfrac{6 ヶ月}{12 ヶ月}$ ＝¥394,000

　　　　支払利息は¥60,000 ÷ 5 年× $\dfrac{6 ヶ月}{12 ヶ月}$ ＝¥6,000

(3)　①取得原価¥4,000,000 ÷ 5 年× $\dfrac{9 ヶ月}{12 ヶ月}$ ＝¥600,000

　　　②減価償却：取得原価¥3,940,000 ÷ 5 年× $\dfrac{9 ヶ月}{12 ヶ月}$ ＝¥591,000

　　　　支払利息の未払分：利息相当額¥60,000 ÷ 5 年× $\dfrac{3 ヶ月}{12 ヶ月}$ ＝¥3,000

問題2

	借　方　科　目	金　　額	貸　方　科　目	金　　額
(1)	仕 訳 な し			
(2)	支 払 リ ー ス 料	120,000	未 払 リ ー ス 料	120,000
(3)	支 払 リ ー ス 料	240,000	当 座 預 金	240,000

〔解説〕

(1)　契約を結んだだけなので仕訳は必要ない。

(2)　当期経過期間の 6 ヶ月分のリース料について未払処理をする。

　　　年間リース料¥240,000 × $\dfrac{6 ヶ月}{12 ヶ月}$ ＝¥120,000

(3)　リース料金支払額は支払リース料勘定を使用する。

第9章 研究開発費とソフトウェア

問題1

	借　方　科　目	金　　額	貸　方　科　目	金　　額
(1)	研　究　開　発　費	960,000	当　座　預　金	960,000
(2)	ソ フ ト ウ ェ ア	300,000	未　　払　　金	300,000
(3)	ソフトウェア償却	50,000	ソ フ ト ウ ェ ア	50,000

〔解説〕

(1) 研究開発に要した費用はすべて研究開発費勘定で処理される。

(2) その利用によって将来の収益獲得や経費削減となる場合には，社内利用目的で購入したソフトウェアの金額はソフトウェア勘定で処理する。

(3) 利用可能期間で償却する。

第10章 有価証券

問題1

	借　方　科　目	金　　額	貸　方　科　目	金　　額
(1)	売買目的有価証券	954,400	未　　払　　金	954,400
(2)	未　収　入　金	970,000	売買目的有価証券	954,400
			有価証券売却益	15,600
(3)	子　会　社　株　式	902,500	未　　払　　金	902,500
(4)	そ の 他 有 価 証 券	403,000	未　　払　　金	403,000
(5)	未　収　入　金	152,250	売買目的有価証券	151,500
			有価証券売却益	750

〔解説〕

(1) ￥1,000,000 × ￥95 ／ ￥100 ＋ ￥4,400 ＝ ￥954,400

(2) ￥1,000,000 × ￥97 ／ ￥100 ＝ ￥970,000

(3) バレンティン商会株式会社の発行株式総数4,000株のうち3,000株（過半数超）を取得しているので子会社株式に分類される。

@￥300 × 3,000株＋￥2,500 ＝ ￥902,500

(4) @￥400 × 1,000株＋￥3,000 ＝ ￥403,000

(5) @￥203 × 750株 ＝ ￥152,250

$$\frac{@￥200 × 1,000株 + @￥206 × 500株}{1,000株 + 500株} = @￥202$$

@￥202 × 750株 ＝ ￥151,500

	借　方　科　目	金　　額	貸　方　科　目	金　　額
(1)	現　　　　　金	580,800	売買目的有価証券	570,000
			有 価 証 券 売 却 益	1,800
			有 価 証 券 利 息	9,000
(2)	売買目的有価証券	571,800	現　　　　　金	580,800
	有 価 証 券 利 息	9,000		

〔解説〕

(1) 売主（サファテ株式会社）は，社債の売却時に買主から端数利息を受け取る権利があるので，売却の仕訳と端数利息の受け取りを記帳する。

　①有価証券の売却

（借）現　　　　　金　571,800　　（貸）売買目的有価証券　570,000
　　　　　　　　　　　　　　　　　　　　有価証券売却益　　1,800

＋

　②端数利息の受け取り

（借）現　　　　　金　9,000　　（貸）有 価 証 券 利 息　9,000

↓

　③解答の仕訳

（借）現　　　　　金　580,800　　（貸）売買目的有価証券　570,000
　　　　　　　　　　　　　　　　　　　　有 価 証 券 利 息　1,800
　　　　　　　　　　　　　　　　　　　　有 価 証 券 売 却 益　9,000

①￥600,000 × ￥95.3／￥100 ＝ ￥571,800

　￥600,000 × ￥95　／￥100 ＝ ￥570,000

②31 日（7 月）＋31 日（8 月）＋13 日（9 月）＝ 75 日

$$￥600,000 × 7.3\% × \frac{75 日（7/1 利払日の翌日～9/13 売却日）}{365 日} ＝ ￥9,000$$

(2) 買主（和田商事株式会社）は，社債の購入時に売主へ端数利息を支払う義務があるので，購入の仕訳と端数利息の支払いを記帳する。

　①有価証券の購入

（借）売買目的有価証券　571,800　　（貸）現　　　　　金　571,800

＋

　②端数利息の支払い

（借）有 価 証 券 利 息　9,000　　（貸）現　　　　　金　9,000

↓

　③解答の仕訳

（借）売買目的有価証券　571,800　　（貸）現　　　　　金　580,800
　　　有 価 証 券 利 息　9,000

問題3

借　方　科　目	金　　額	貸　方　科　目	金　　額
売買目的有価証券	2,000	有価証券評価益	2,000

〔解説〕

S 社株式：¥59,000 － ¥60,000 ＝△¥1,000（評価損）

H 社社債：¥65,000 － ¥62,000 ＝¥3,000（評価益）

S 社株式には評価損，H 社社債には評価益が生じているので，評価損と評価益を相殺する。有価証券評価益は，有価証券評価損益でも可。なお，評価差額を洗替法で処理する場合には，翌期首において

　（借）有価証券評価益　　　2,000　　　　（貸）売買目的有価証券　2,000

の仕訳を行い，売買目的有価証券を取得原価に戻す。これに対し，切放法では，当期末の時価が翌期の帳簿価額となるため取得原価に戻す処理は行わない。

問題4

	借　方　科　目	金　　額	貸　方　科　目	金　　額
(1)	満期保有目的有価証券	970,000	当　座　預　金	970,000
(2)	満期保有目的有価証券	5,000	有　価　証　券　利　息	5,000

〔解説〕

(1)　¥1,000,000 × ¥97 ／ ¥100 ＝ ¥970,000

(2)　（¥1,000,000 － ¥970,000）÷ 6 年＝¥5,000

問題5

	借　方　科　目	金　　額	貸　方　科　目	金　　額
(1)	そ の 他 有 価 証 券	15,000	その他有価証券評価差額金	15,000
(2)	その他有価証券評価差額金	15,000	そ の 他 有 価 証 券	15,000

〔解説〕

(1)　¥395,000 － ¥380,000 ＝ ¥15,000（評価益）

第 11 章　引　当　金

問題1

	借　方　科　目	金　　額	貸　方　科　目	金　　額
(1)	貸 倒 引 当 金 繰 入	4,500	貸 倒 引 当 金	4,500
(2)	貸 倒 引 当 金	2,000	貸 倒 引 当 金 戻 入	2,000
(3)	貸 倒 引 当 金 繰 入	175,000	貸 倒 引 当 金	175,000
(4)	貸 倒 引 当 金	130,000	売 　 掛 　 金	130,000

〔解説〕

(1)　¥16,500（貸倒引当金の設定額）＞¥12,000（貸倒引当金期末残高）であるため，差額を貸倒引当金繰入として計上する。

(2) ¥10,000（貸倒引当金の設定額）＜¥12,000（貸倒引当金期末残高）であるため，差額を貸倒引当金戻入
として計上する。

問題2

	借　方　科　目	金　　額	貸　方　科　目	金　　額
(1)	修　繕　引　当　金　繰　入	3,000	修　繕　引　当　金	3,000
(2)	修　繕　引　当　金 修　　繕　　費	3,000 2,000	現　　　　　金	5,000
(3)	建　　　　　物 修　繕　引　当　金 修　　繕　　費	4,000 3,000 1,000	現　　　　　金	8,000

〔解説〕
(2) 修繕引当金を超えた金額については，修繕費勘定で処理する。
(3) 資本的支出は固定資産勘定（建物）で処理する。

問題3

	借　方　科　目	金　　額	貸　方　科　目	金　　額
(1)	退　職　給　付　費　用	10,000	退　職　給　付　引　当　金	10,000
(2)	退　職　給　付　引　当　金	8,000	現　　　　　金	8,000
(3)	賞　与　引　当　金　繰　入	15,000	賞　与　引　当　金	15,000
(4)	賞　与　引　当　金 賞　　　　　与	15,000 3,000	現　　　　　金	18,000

〔解説〕
(4) 賞与が支払われたときには，賞与引当金勘定で処理するが，賞与引当金残高を超えた金額については賞与
勘定で処理する。

問題4

	借　方　科　目	金　　額	貸　方　科　目	金　　額
(1)	売　上　割　戻　引　当　金　繰　入	2,500	売　上　割　戻　引　当　金	2,500
(2)	売　上　割　戻　引　当　金 売　　　　　上	600 400	売　　掛　　金	1,000
(3)	返　品　調　整　引　当　金　繰　入	3,000	返　品　調　整　引　当　金	3,000
(4)	返　品　調　整　引　当　金 仕　　　　　入	400 1,600	売　　掛　　金	2,000

〔解説〕
(2) 前期に対する売上割戻は売上割戻引当金勘定で処理し，当期の売上割戻は売上勘定で処理する。
(4) 返品された商品の原価相当額を仕入勘定で処理する。

問題 1

精　算　表

勘定科目	残高試算表 借方	残高試算表 貸方	整理記入 借方	整理記入 貸方	損益計算書 借方	損益計算書 貸方	貸借対照表 借方	貸借対照表 貸方
現　　　　　金	72,500						72,500	
当　座　預　金	82,000						82,000	
売　　掛　　金	100,000						100,000	
売買目的有価証券	500,000			10,000			490,000	
繰　越　商　品	108,000		120,000	108,000			117,810	
				1,200				
				990				
備　　　　　品	300,000						300,000	
買　　掛　　金		50,000						50,000
支　払　手　形		22,000						22,000
借　　入　　金		400,000						400,000
貸　倒　引　当　金		500	500	2,000				2,000
備品減価償却累計額		54,000		54,000				108,000
資　　本　　金		500,000						500,000
売　　　　　上		951,000				951,000		
受　取　配　当　金		2,000				2,000		
仕　　　　　入	565,000		108,000	120,000	553,000			
給　　　　　料	72,000				72,000			
保　　険　　料	24,000			12,000	12,000			
消　耗　品　費	16,000			1,000	15,000			
支　払　家　賃	120,000				120,000			
支　払　利　息	15,000		5,000		20,000			
火　災　損　失	5,000				5,000			
	1,979,500	1,979,500						
棚　卸　減　耗　損			1,200		1,200			
商　品（評価損）			990		990			
貸　倒　引　当　金　戻　入				500		500		
貸倒引当金（繰入）			2,000		2,000			
有価証券（評価損）			10,000		10,000			
減　価　償　却　費			54,000		54,000			
（前払）保険料			12,000				12,000	
（未払）利息				5,000				5,000
消　　耗　　品			1,000				1,000	
当　期（純利益）					88,310			88,310
			314,690	314,690	953,500	953,500	1,175,310	1,175,310

〔解説〕

(1) （借）仕　　　　　　入　108,000　（貸）繰 越 商 品　108,000

　　　　繰 越 商 品　120,000　　　　仕　　　　　　入　120,000

(2) 棚卸減耗費　￥600 ×（200 － 198）個＝￥1,200

　　商品評価損（￥600 －￥595）× 198 個＝￥990

(3) 売上債権残高　￥100,000 × 貸倒率 20％＝貸倒見積￥2,000

　　（借）貸 倒 引 当 金　　　500　（貸）貸倒引当金戻入　　　500

　　　　貸倒引当金繰入　2,000　　　　貸 倒 引 当 金　2,000

(4) （借）有価証券評価損　10,000　（貸）売買目的有価証券　10,000

(5) 減価償却費＝（￥300,000 －￥30,000）÷ 5 ＝￥54,000

　　（借）減 価 償 却 費　54,000　（貸）減価償却累計額　54,000

(6) （借）前 払 保 険 料　12,000　（貸）保　　険　　料　12,000

(7) （借）支 払 利 息　　5,000　（貸）未 払 利 息　　5,000

(8) （借）消　耗　　品　　1,000　（貸）消 耗 品 費　　1,000

　　　　消 耗 品 費　15,000　　　　消　耗　　品　15,000

損 益 計 算 書

令和 ×2 年 4 月 1 日　　至 令和 ×3 年 3 月 31 日

I　売上高 　　　　　　　　　　　　　　　　　　　　　　（　　　951,000　　）

II　売上原価

　　1　期首商品棚卸高　　　　　　（　　　108,000　　）

　　2　当期仕入高　　　　　　　　（　　　565,000　　）

　　　　合計　　　　　　　　　　　（　　　673,000　　）

　　3　期末商品棚卸高　　　　　　（　　　120,000　　）

　　　　差引　　　　　　　　　　　（　　　553,000　　）

　　4　棚卸減耗損　　　　　　　　（　　　　1,200　　）

　　5　商品評価損　　　　　　　　（　　　　　990　　）　（　　　555,190　　）

　　　　売上総利益　　　　　　　　　　　　　　　　　　（　　　395,810　　）

III　販売費及び一般管理費

　　1　給料　　　　　　　　　　　（　　　 72,000　　）

　　2　保険料　　　　　　　　　　（　　　 12,000　　）

　　3　消耗品費　　　　　　　　　（　　　 15,000　　）

　　4　支払家賃　　　　　　　　　（　　　120,000　　）

　　5　貸倒引当金繰入　　　　　　（　　　　2,000　　）

　　6　減価償却費　　　　　　　　（　　　 54,000　　）　（　　　275,000　　）

　　　　営業利益　　　　　　　　　　　　　　　　　　　（　　　120,810　　）

IV　営業外収益

　　　　受取配当金　　　　　　　　　　　　　　　　　　（　　　　2,000　　）

V　営業外費用

　　1　支払利息　　　　　　　　　（　　　 20,000　　）

　　2　有価証券評価損　　　　　　（　　　 10,000　　）　（　　　 30,000　　）

　　　　経常利益　　　　　　　　　　　　　　　　　　　（　　　 92,810　　）

VI　特別利益

　　　　貸倒引当金戻入　　　　　　　　　　　　　　　　（　　　　　500　　）

VII　特別損失

　　　　火災損失　　　　　　　　　　　　　　　　　　　（　　　　5,000　　）

　　　　当期純利益　　　　　　　　　　　　　　　　　　（　　　 88,310　　）

問題1

	借 方 科 目	金 額	貸 方 科 目	金 額
(1)	前 払 金	11,000	現　　　　金	11,000
(2)	仕　　　　入	32,600	前 払 金 買 掛 金	11,000 21,600
(3)	買 掛 金	21,600	現　　　　金 為 替 差 損 益	21,200 400
(4)	現　　　　金	16,500	前 受 金	16,500
(5)	前 受 金 売 掛 金	16,500 33,600	売　　　　上	50,100
(6)	現　　　　金	34,200	売 掛 金 為 替 差 損 益	33,600 600

〔解説〕

(2) 前払金￥11,000と買掛金￥21,600（＝ 200ドル×￥108）の合計が仕入額になる。

(3) (2)の買掛金￥21,600と受取った現金￥21,200の差額￥400を為替差損益勘定で処理する。

(5) 前受金￥16,500と売掛金￥33,600（＝ 300ドル×￥112）の合計が売上額になる。

(6) (5)の売掛金￥33,600と受取った現金￥34,200の差額￥600を為替差損益勘定で処理する。

問題2

	借 方 科 目	金 額	貸 方 科 目	金 額
(1)	為 替 差 損 益	1,500	現　　　　金	1,500
(2)	為 替 差 損 益	2,000	買 掛 金	2,000
(3)	仕 訳 な し			
(4)	売 掛 金 貸 倒 引 当 金 繰 入	13,800 2,676	為 替 差 損 益 貸 倒 引 当 金	13,800 2,676

〔解説〕

(1) (2) 外国通貨と外貨建買掛金は貨幣項目であるため，決算日において，換算替を行う。

(3) 前払金は非貨幣項目であるため，換算替えを行わない。

(4) 外貨建売掛金は貨幣項目であるため，決算日において，換算替えを行う。貸倒引当金繰入額は￥2,676（＝（￥920,000 ＋￥13,800）× 0.02 －￥16,000）である。

問題3

	借 方 科 目	金 額	貸 方 科 目	金 額
(1)	仕　　　　入	148,200	買 掛 金	148,200
(2)	仕 訳 な し			
(3)	買 掛 金	148,200	現　　　　金	148,200

〔解説〕

(1) 為替予約を行う場合は，先物為替相場を利用して換算する。

(2) 為替予約をした場合は，決算の時に換算評価替えをしない。

	借　方　科　目	金　　額	貸　方　科　目	金　　額
(1)	仕　　　　入	84,000	買　　掛　　金	84,000
(2)	為　替　差　損　益	2,400	買　　掛　　金	2,400
(3)	仕　訳　な　し			
(4)	買　　掛　　金	86,400	現　　　　金	86,400

〔解説〕

(2) 為替差損益は¥2,400（＝ 800 ドル×¥108 － 800 ドル×¥105）となる。

第 14 章　本支店会計

問題 1

本　店

	借　方　科　目	金　　額	貸　方　科　目	金　　額
(1)	支　　　　店	50,000	現　　　　金	50,000
(2)	支　　　　店	30,000	仕　　　　入	30,000
(3)	買　　掛　　金	25,000	支　　　　店	25,000
(4)	支　　　　店	45,000	売　　掛　　金	45,000
(5)	支　　　　店	5,000	現　　　　金	5,000

支　店

	借　方　科　目	金　　額	貸　方　科　目	金　　額
(1)	現　　　　金	50,000	本　　　　店	50,000
(2)	仕　　　　入	30,000	本　　　　店	30,000
(3)	本　　　　店	25,000	当　座　預　金	25,000
(4)	現　　　　金	45,000	本　　　　店	45,000
(5)	営　　業　　費	5,000	本　　　　店	5,000

〔解説〕

　本支店間の取引において，本店では支店勘定，支店では本店勘定を用いて処理する。

損益計算書

費　　　用	金　　額	収　　　益	金　　額
売　上　原　価	1,305,000	売　　上　　高	2,100,000
営　　業　　費	172,000		
貸倒引当金繰入	4,000		
減　価　償　却　費	139,000		
当　期　純（利　益）	480,000		
	2,100,000		2,100,000

貸借対照表

資　　　産	金　　額		負債・純資産	金　　額
現　金　預　金		400,000	買　　掛　　金	390,000
売　　掛　　金	500,000		未　払　営　業　費	12,000
貸　倒　引　当　金	15,000	485,000	資　　本　　金	1,000,000
商　　　　　品		530,000	利　益　準　備　金	50,000
備　　　　　品	850,000		繰　越　利　益　準　備　金	519,000
備品減価償却累計額	294,000	556,000		
		1,971,000		1,971,000

〔解説〕

①売上原価の計算

本店：（借）仕　　　　　　　入　360,000　（貸）繰　越　商　品　360,000

　　　（借）繰　越　商　品　380,000　（貸）仕　　　　　　　入　380,000

支店：（借）仕　　　　　　　入　130,000　（貸）繰　越　商　品　130,000

　　　（借）繰　越　商　品　150,000　（貸）仕　　　　　　　入　150,000

②減価償却費の計算

本店：（借）減　価　償　却　費　104,000　（貸）備品減価償却累計額　104,000

支店：（借）減　価　償　却　費　35,000　（貸）備品減価償却累計額　35,000

③貸倒引当金の設定

本店：（借）貸　倒　引　当　金　繰　入　2,500　（貸）貸　倒　引　当　金　2,500

支店：（借）貸　倒　引　当　金　繰　入　1,500　（貸）貸　倒　引　当　金　1,500

④営業費の見越し

本店：（借）営　　　業　　　費　9,000　（貸）未　払　営　業　費　9,000

支店：（借）営　　　業　　　費　3,000　（貸）未　払　営　業　費　3,000

問題3

	借 方 科 目	金 額	貸 方 科 目	金 額
(1)	損　　　　益	250,000	本　　　　店	250,000
(2)	支　　　　店	250,000	損　　　　益	250,000
(3)	損　　　　益	705,000	繰越利益剰余金	705,000

〔解説〕

(1)　支店の当期純利益は，¥250,000（＝¥700,000 － ¥420,000 － ¥30,000）である。

(3)　本店と支店の当期純利益が合算された損益勘定差額¥705,000（＝¥455,000（本店の利益）＋¥250,000（支店の利益））を繰越利益剰余金勘定へと振り替える。

第15章　連結会計

問題1

	借 方 科 目	金 額	貸 方 科 目	金 額
(1)	売 上 原 価	180,000	仕　　　　入	180,000
(2)	売 上 原 価	8,000	商　　　　品	8,000
	非支配株主持分当期変動額	3,200	非支配株主に帰属する純利益	3,200

〔解説〕

(1)　¥60,000 × 30% ＝ ¥180,000

(2)　¥48,000 × 0.2 ÷ 1.2 ＝ ¥8,000

　　　¥8,000 × 40% ＝ ¥3,200

問題2

	借 方 科 目	金 額	貸 方 科 目	金 額
(1)	固定資産売却益	20,000	土　　　　地	20,000
(2)	固定資産売却益	40,000	土　　　　地	40,000
	非支配株主持分当期変動額	16,000	非支配株主に帰属する当期純利益	16,000

〔解説〕

(1)　¥180,000 － ¥160,000 ＝ ¥20,000

(2)　¥160,000 － ¥120,000 ＝ ¥40,000

　　　¥40,000 × 40% ＝ ¥16,000

連 結 B/S （万円）

諸資産	（ 12,000）	諸負債	（ 5,400）
のれん	（ 120）	非支配株主持分	（ 720）
		資本金	（ 3,600）
		剰余金	（ 2,400）
	（ 12,120）		（ 12,120）

連 結 P/L （万円）

売上高		（ 1,750）
売上原価		
期首商品棚卸高	（ 0）	
当期仕入高	（ 1,500）	
期末商品棚卸高	（ 450）	（ 1,050）
売上総利益		（ 700）
非支配株主利益		（ 196）
のれん償却		（ 6）
当期純利益		（ 498）

〔解説〕

①親会社買掛金と子会社売掛金800万円を相殺消去する。

②子会社の諸資産と親会社の諸資産を合併する。

③子会社の諸負債と親会社の諸負債を合併する。

④子会社 B/S の純資産のうち，親会社持分1,080万円と親会社 B/S の子会社株式1,200万円を相殺消去する。差額120万円は連結 B/S にのれんとして記載する。

⑤親会社の資本金と剰余金を連結 B/S に計上する。

⑥親・子間の取引を相殺消去する。

⑦連結 P/L の売上総利益から非支配株主利益（損益）196万円（490万円×40％）とのれん償却額6万円（120万円÷20年）を差引いて当期純利益を計算する。

《編著者紹介》

相川奈美（あいかわ・なみ）担当：第1章，第2章，第10章
　　名城大学経営学部准教授

《著者紹介》（執筆順）

麻場勇佑（あさば・ゆうすけ）担当：第3章，第5章，第6章
　　駿河台大学経済経営学部准教授

中川仁美（なかがわ・ひとみ）担当：第4章
　　作新学院大学経営学部准教授

小川華代（おがわ・かよ）担当：第7～9章
　　日本大学大学院経済学研究科博士後期課程

野口翔平（のぐち・しょうへい）担当：第11章，第13章，第14章
　　日本大学経済学部助教

村田直樹（むらた・なおき）担当：第12章，第15章
　　日本大学経済学部特任教授

（検印省略）

2021年4月10日　初版発行　　　　　　　　略称 — 応用問題集

簿記の問題集［応用編］

編著者　相 川 奈 美
発行者　塚 田 尚 寛

発行所　東京都文京区　　**株式会社　創 成 社**
　　　　春日2−13−1

　　電　話 03（3868）3867　　FAX 03（5802）6802
　　出版部 03（3868）3857　　FAX 03（5802）6801
　　http://www.books-sosei.com　　振　替 00150-9-191261

定価はカバーに表示してあります。

———————————— 簿 記・会 計 選 書 ————————————

簿 記 の 問 題 集 [応用編]	相 川 奈 美	編著	1,800 円
簿 記 の 問 題 集 [基礎編]	村 田 直 樹 野 口 翔 平	編著	1,300 円
簿 記 の テ キ ス ト [基礎編]	村 田 直 樹 野 口 翔 平	編著	1,400 円
初 級 簿 記 教 本	海 老 原 諭	著	2,700 円
初 級 簿 記 教 本・問 題 集	海 老 原 諭	著	1,800 円
新・入 門 商 業 簿 記	片 山 覚	監修	2,350 円
新・中 級 商 業 簿 記	片 山 覚	監修	1,850 円
全 国 経 理 教 育 協 会 公式簿記会計仕訳ハンドブック	上 野 清 貴 吉 田 智 也	編著	1,200 円
コ ン ピ ュ ー タ 会 計 基 礎	河合 久・櫻井康弘 成田 博・堀内 恵	著	1,900 円
会 計 不 正 と 監 査 人 の 監 査 責 任 ― ケ ー ス・ス タ デ ィ 検 証 ―	守 屋 俊 晴	著	3,800 円
キャッシュフローで考えよう! 意 志 決 定 の 管 理 会 計	香 取 徹	著	2,200 円
会 計 原 理 ― 会 計 情 報 の 作 成 と 読 み 方 ―	斎 藤 孝 一	著	2,200 円
IFRS 教 育 の 実 践 研 究	柴 健 次	編著	2.900 円
IFRS 教 育 の 基 礎 研 究	柴 健 次	編著	3.500 円
現 代 会 計 の 論 理 と 展 望 ― 会 計 情 報 の 作 成 と 読 み 方 ―	上 野 清 貴	著	3,200 円
簿 記 の ス ス メ ― 人 生 を 豊 か に す る 知 識 ―	上 野 清 貴	監修	1,600 円
複 式 簿 記 の 理 論 と 計 算	村 田 直 樹 竹 中 徹 森 口 毅 彦	編著	3,600 円
複 式 簿 記 の 理 論 と 計 算 問 題 集	村 田 直 樹 竹 中 徹 森 口 毅 彦	編著	2,200 円
非 営 利・政 府 会 計 テ キ ス ト	宮 本 幸 平	著	2,000 円
活動を基準とした管理会計技法の展開と経営戦略論	広 原 雄 二	著	2,500 円
ラ イ フ サ イ ク ル・コ ス テ ィ ン グ ― イ ギ リ ス に お け る 展 開 ―	中 島 洋 行	著	2,400 円

(本体価格)

———————————— 創 成 社 ————————————